데이비드 브레이너드

데이비드 브레이너드

지은이 송삼용
펴낸이 안용백
펴낸곳 (주)도서출판 넥서스

초판 1쇄 발행 2009년 8월 20일
초판 2쇄 발행 2009년 8월 25일

출판신고 1992년 4월 3일 제311-2002-2호
121-840 서울시 마포구 서교동 394-2
Tel (02)330-5500 Fax (02)330-5555
ISBN 978-89-6000-589-1　03230
　　　978-89-6000-585-3　(세트)

저자와 출판사의 허락 없이 내용의 일부를 인용하거나
발췌하는 것을 금합니다.

저자와의 협의에 따라서 인지는 붙이지 않습니다.

가격은 뒤표지에 있습니다.
잘못 만들어진 책은 바꾸어드립니다.

www.nexusbook.com
넥서스CROSS는 (주)도서출판 넥서스의 기독 브랜드입니다.

무릎의 성자
데이비드 브레이너드

송삼용 지음

머리말

한 시대의 역사는 더 위대한 새 역사를 창조하는 발판이 된다. 각 시대마다 불꽃처럼 살다간 믿음의 거장들은 후대 젊은이들의 심장을 태운 불쏘시개가 되어왔다.

일례로, 18세기 부흥의 대가 조지 휘트필드의 심장을 불태웠던 불씨는 헨리 스쿠걸의 《인간의 영혼 안에 있는 하나님의 생명》이었다. 근대 선교의 아버지 윌리엄 캐리의 가슴에 불을 지폈던 동력은 《데이비드 브레이너드의 생애와 일기》였다. 그리고 중국 선교의 개척자 허드슨 테일러의 믿음 선교에 영향을 끼쳤던 사람은 조지 뮬러였다. 거장이 또 다른 거장을 낳은 셈이다.

역사를 빛낸 거장들의 생애를 탐구하면서 내내 마음 한편에 새겨둔 소망이 있었다. 시대를 빛낸 믿음의 거장들을 통해 또 다른 거장들이 배출되기를 소원하는 간절한 바람이었다. 거장들의 삶을 조명한 이유가 바로 그것이었다. 이 땅에도 하나님의 영예를 드높이는 위대한 거장들이 배출되기를 바라는 소망, 그리고 거장들의 숭고한 신앙과 삶에 도전받아 하나님의 손에 붙들린 바 된 또 다른 거장들이 구름 떼처럼 일어나기를 바라는 소망, 그것이 바로《믿음의 거장 시리즈》의 집필 목적이다.

역사는 변함이 없다! 역사를 다스리시는 하나님의 방법에도 변함이 없으시다. 그러기에 나는 여기에 소개한 거장들이 분명 우리 시대의 또 다른 거장들을 낳는 원동력이 되리라고 믿는다.

부족하지만 나는 그 일을 위해 쉼 없이 기도할 것이다.

《믿음의 거장 시리즈》에 소개된 거장들을 만나는 사람마다 심장에 뜨거운 불길이 타오르도록 간구하며, 그런 도전으로 인해 하나님의 이름과 교회를 빛낼 또 다른 거장들이 세워지도록 기도할 것이다.

찬란한 광채가 빛나는 거장들의 태양 같은 삶과 영성에 비하면 나는 금방 시들어버릴 듯한 반딧불같이 나약한 사람에 불과하다. 그럼에도 불구하고 값진 탐구의 대열에 서게 되어 몸둘 바를 모르겠다. 더욱이 거장들의 삶을 조명하는 일은 역사적 안목과 통찰력이 요구되는 전문적인 일인데도 일천한 지식으로 위대한 거장들의 생애를 탐구하게 되어 부끄러울 뿐이다.

벌레같이 보잘것없는 비천한 죄인에게 귀한 사역을 맡

겨주신 하나님께 감사드리며, 모든 영광을 하나님께 돌려드린다. 하나님의 이름과 교회의 유익을 위해《믿음의 거장 시리즈》를 기획·편집한 넥서스크로스 편집부 직원들의 노고에 심심한 사의謝意를 표한다.

거장들이 준 감동과 도전, 그리고 하늘의 비전을 모든 독자와 함께 나누고 싶다.

송삼용

차례

머리말 _04
생애 개관 _10

1장 불운에 시달리던 우울증 소년
헤이담에 피어난 한 송이의 꽃 _21
나를 보내소서 _25
죄 문제와 구원의 축복 _30
파도처럼 몰려온 은혜의 물결 _34
꿈과 좌절의 교차로, 예일 대학교 _39

2장 은혜의 세계를 항해하는 영적 순례
신학 수업을 시작하다 _47
능력 있는 설교와 선교의 헌신 _52
최초로 열린 인디언 선교의 문 _57
카우나우믹 선교사 파송 _61
외로운 인디언 사역 _65
캠퍼스의 추억 _70

3장 인디언을 위해 뿌린 전도의 씨앗
인디언을 위해 일생을 바치다 _77
목사 안수 _83
죽음의 강가에서 _89

4장 하나님의 선한 역사가 계속되다

사도행전의 부흥처럼 _97
모든 것을 포기할 때 _105
인디언 학교가 설립되다 _111
부흥, 하나님의 절대적인 주권으로 _115
뼈가 부서지는 순간까지 _119
점점 쇠약해지는 육신 _123

5장 주님 곁에 가기를 갈망하다

인디언들과의 눈물겨운 작별 _129
폐결핵 판정 _133
동역자들과 교제하다 _138
여루사의 극진한 간호를 받다 _144
영원한 안식처인 하나님 품으로 _150

생애 연보 _156
참고문헌 _157

생애 개관

데이비드 브레이너드의 생애는 어렸을 때부터 불운의 연속이었다. 9살에 아버지를 잃고, 14살에는 어머니까지 잃었다. 그런 영향 때문인지 평생 우울증과 결핵을 안고 살았다. 청소년 시절부터 죄와 구원의 문제로 고민하면서 금식과 기도 훈련을 받았다. 21살 때에는 죄 문제를 해결하고 구원의 축복을 확신하면서 목사가 되기로 결심했다. 그해 예일 대학교에 입학하여 영적인 성숙에 매진했으나 학교 당국의 오해를 사는 바람에 퇴학당하고 말았다.

아픔과 상처를 안고 대학을 떠난 브레이너드는 목회자들에게 개인적으로 신학 수업을 받아 설교할 자격을 얻었다. 24살에 선교에 헌신하여 스코틀랜드 선교협회로부터 인디언 선교사로 임명받았다. 그 다음 해부터 카우나우믹 선교사로 사역을 시작한 이후 펜실베이니아의 델라웨어 지역, 뉴저지 크로스윅성, 크랜베리 등에서 인디언 영혼들을 위해 젊음을 불태웠다. 25살에는 뉴저지 주 뉴어크 장로회에서 목사 안수를 받은 후 29살 생애를 마칠 때까지 복음을 위해서 몸이 으스러지도록 힘써 일했다.

브레이너드가 세상에 머문 기간은 29년 5개월 19일에 불과하다. 하지만 그가 세상에 남긴 발자취는 상상을 초월할 정도다. 평생 하나님을 갈망하던 거룩한 열정, 불꽃처럼 타오르던 무릎의 헌신, 밥 먹듯이 반복했던 금식의 사투, 인디언들의 영혼을 사랑한 뜨거운 마음, 경건한 삶을 위해 싸웠던 치열한 내면의 투쟁, 우울증과 폐결핵의 고통 중에서도 한시도 중단하지 않았던 철저한 기도 생활, 그리고 하나님을 영화롭게 해드리려는 불타는 열심 등, 실로 그는 짧지만 굵게 살았다. 건강관리에 소홀한 것이 화근이 되어 너무 빨리 부름을 받게 되어 안타까울 뿐이다. 하지만 기독교 역사에 그가 끼친 영향은 지대하며, 그는 특히 선교 역사에 큰 획을 그었다.

예를 들면, 18세기 윌리엄 캐리, 19세기 헨리 마틴, 그리고 20세기 짐 엘리어트 등 각 세기마다 선교의 대가들이 그로부터 영향을 받아 복음을 위해 젊음을 불살랐다. 브레이너드의 영향은 선교에만 머무르지 않고, 전 세계의 교회에 이어졌다.

미국의 조나단 에드워즈와 존 밀, 영국의 존 웨슬리와 데이비드 리빙스턴, 스코틀랜드의 로버트 모리슨과 로버트 맥체인, 독일의 프레드릭 슈바르츠, 그리고 남아프리카의 앤드류 머레이 등과 같은 영적 지도자들이 크게 감동을 받았다. 그 외에도 브레이너드의 기도 생활은 후대의 수많은 그리스도인에게 큰 귀감이 되었다. 인디언 세계를 복음으로 정복하려는 거룩한 열정은 일상이 되어버린 기도와 금식의 열매였다. 하나님을 갈망하는 뜨거운 마음도 무릎의 산물이었다.

그는 깊은 숲 속에서 하늘을 천장 삼아 짚 무더기를 덮고 자면서도 기도를 중단한 적이 없었다. 어떤 때는 심장이 찢어지는 듯한 고통과 각혈 중에도 기도를 멈추지 않았다. 심지어 침대에 누워 꼼짝할 수 없는 상황에서도 기도를 포기하지 않았다. 언제 어느 곳에서나 기도는 그의 양식이요, 힘의 원천이었다. 그는 죽어가는 순간까지도 기도할 정도로 탁월한 기도의 사람이었다. "순교자의 피는 교회 성장의 밑거름"이라고 한 터툴리안의 말처럼 브레이너드는 짧게 생애를 마감했지만 그의 기도는 후대 교회 부흥의 초석이 되었다.

브레이너드가 세상에 널리 알려지게 된 것은 그의 일기가 소개되면서부터였다. 조나단 에드워즈 목사는, 생애의 마지막 몇 개월 동안 자기 집에 머문 브레이너드를 보면서 크게 감동하여 일기를 출판하기로 마음먹었다. 짧지만 하나님의 영광을 위해서 살다가 부름받은 브레이너드를 세상에 알리고 싶은 마음에서였다. 브레이너드의 명예를 드러내기 위해서가 아니라 그가 필생의 노력을 다해 추구했던바 하나님을 영화롭게 해드리는 데 크게 도움이 되도록 하기 위함이었다.

처음에 브레이너드 자신도 일기를 출판하는 것에 대해 동의하지 않았다. 하지만 친구들의 끈질긴 설득으로 출판에 대해서 에드워즈 목사에게 전권을 맡기기로 했다. 단, 하나님의 영광을 위하고, 사람들에게 신앙적인 도움을 줄 수 있는 부분에 대해서만 허락한다고 했다. 에드워즈 목사 자신도 브레이너드의 신앙과 삶에 도전을 받을 때가 많았다. 가감 없이 있었던 그대로 브레이너드를 소개하라고 한다면 이렇게 쓸 수 있을 것이다.

인디언의 영혼을 사랑하는 마음, 한순간도 헛된 것에 시간을 소모하지 않으려는 열심, 죄를 멀리하려는 치열한 내적인 싸움, 하나님을 영화롭게 해드리려는 몸부림, 거룩을 추구하는 뜨거운 열정, 기도와 금식으로 생애를 불사른 성자 같은 삶, 많은 사람에게 감동을 주었던 균형잡힌 인격 등. 참으로 브레이너드는 하나님의 사람이었다.

그렇다고 브레이너드가 완전주의를 지향했다거나 완전한 삶과 사역을 이룬 것도 아니다. 오히려 그는 평생 죄와 투쟁하면서 살았던 사람이다. 심지어 침대에 꼼짝 못하고 누워 있으면서도 죄에 대해 철저하게 회개하면서 하나님의 거룩에 이르려고 했다. 자신이 하나님께 버림받았다는 절망감 때문에 고통받던 때도 여러 번이었다. 심지어 죽어가는 순간까지 자신은 영광스런 하나님의 나라를 이야기할 자격조차 없는 죄인임을 밝혔다.

또한 그가 단번에 경건의 정상에 이른 것도 아니다. 그는 날마다 한 걸음씩 하나님의 거룩을 추구하면서 경건의 산을 정복해간 사람이었다. 매일 일기를 쓰면서 치열한 자기와의 싸움을 통해서 하나님과 일체를 이루려고 몸부림쳤던 사람이었다. 그러기에 브레이너드의 일기는 참된 경건을 추구하고자 하는 사람들에게 보여준 모델과 같다. 하나님을 영화롭게 해드리며, 그분의 영광을 위해 살고자 하는 그리스도인들에게 선구자와 같은 역할을 해주기도 한다. 더욱이 그의 열정적인 기도 생활은 그리스도인들이 하나님의 나라를 섬길 때 가장 필수적인 요소라는 것을 보여주는 지침서와 같다고 할 수 있다.

그의 일기가 출판되자 미국과 영국에서 널리 읽혔으며, 많은 사람에게 영향을 끼쳤다. 대표적으로 감리교를 창시했던 존 웨슬리는 그의 일기를 삶과 사역에 큰 전환점으로 삼았다. 그는 모든 설교자는 브레이너드의 일기를 읽어야 한다고 할 정도였다. 18세기 근대 선교의 아버지라 불리는 윌리엄 캐리도 브레이너드의 일기를 통해서 선교에 헌신하게 되었다. 19세기 선교에 가장 크게 영향을 끼친 헨리 마틴, 20세기에 순교로 선교의 제물이 된 짐 엘리어트 역시 그의 일기를 읽고 선교사로 헌신했다.

그 외에도 브레이너드의 일기를 읽은 수많은 그리스도인이 선교에 헌신하게 되었다. 브레이너드를 만났거나 일기를 접했던 미국 목회자들은 영적으로 각성하여 노샘프턴 부흥 이후에 교회를 일깨우는 데 일조하게 되었다. 영국에서도 브레이너드의 생애가 알려지면서 목회자들의 영성을 깨우는 계기가 되기도 했다. 오늘날까지도 그의 생애와 일기를 접한 사람은 대부분 놀라운 영적 생활에 큰 감동을 받는다. 짧은 기간 동안 오직 무릎으로 사역했던 기도 생활도 도전을 받는다. 실로 브레이너드는 경건의 사람이요, 무릎의 성자였다.

1장

불운에 시달리던 우울증 소년

헤이담에 피어난 한 송이의 꽃

데이비드 브레이너드는 1718년 4월 20일 미국 코네티컷 주 헤이담에서 태어났다. 그의 아버지 헤제키아 브레이너드는 그가 9살 때 이미 세상을 떠났고, 어머니 도로시는 단신으로 5남매를 길렀다. 그의 어머니 도로시는 목사의 딸로 태어나 엄격한 신앙 훈련을 받고 자랐다. 그 덕에 부모로부터 받은 대로 자신의 5남 4녀의 자녀들을 철저한 신앙으로 키웠다.

어린 시절에 몰아닥친 전염병은 브레이너드를 기도 학교에 입학시켜준 전기轉機가 되었다. 무서운 전염병을 생각하면서 날마다 잠자리에 들 때면 으레 무릎을 꿇고 기도하곤 했다. 낮에는 독서에 취미를 붙여서 즐거운 시간을 보냈고, 성경을 읽기도 했다. 물론 그때까지 브레이너드는 기도하는 법을 잘 몰랐다. 어떻게 회개하는지도 몰랐다. 하지만 그는 전염병 소동으로 기도 훈련을 톡톡히 받았다.

전염병의 위험으로부터 보호해달라는 단 몇 마디의 기도였지만 그에게는 강한 기도 훈련이 된 셈이다. 짧았지만 매일 반복되는 간구는 기도의 기초를 쌓는 계기가 되었다. 죽음의 두려움은 회개의 무릎으로 인도해주는 안내자이기도 했다. 그런 식으로 성령께서는 아무도 모르게 브레이너드를 기도의 사람으로 만들어가고 있었다. 브레이너드는 성령께서 예비해놓으신 기도 학교에 입학해서 철저하게 훈련을 받았다.

전염병의 기세가 기울어진 이듬해 봄, 브레이너드의 가정에 엄청난 슬픔이 닥쳐왔다. 남편과 사별한 후 어렵게 5남 4녀의 아이들을 길러오시던 어머니에게 죽음이 찾아온 것이다. 브레이너드의 형제들은 모두 어머니의 영향을 받아서인지 신실한 신앙을 가졌다. 맏형은 이미 분가하여 헤이담에서 존경받는 목사가 되었다. 둘째 형은 나중에 목사가 되었고, 바로 밑 동생 역시 브레이너드의 뒤를 이어 인디언 선교를 하다가 인디언 교회의 목사가 되었다. 그 밑 동생 역시 신실한 신앙을 가진 예일 대학교 학생이었으나 나중에 브레이너드가 죽은 후에 곧바로 죽었다.

어머니의 죽음 이후에 브레이너드는 극심한 슬픔과 우울 증세에 시달리게 되었다. 어린 시절에 부모를 잃은 슬픔으로 인한 정신적 충격 때문이었는지 우울 증세는 평생 그를 괴롭혔던 육체의 가시였다. 브레이너드가 신앙에 눈을 뜨기 시작한 것은 아버지의 죽음 후부터였다. 어머니의 철저한 관리와 신앙 훈련도 영향이 컸지만 아버지의 죽음을 목격하면서 영혼에 대해 진지하게 관심을 갖기 시작한 것이다. 9살의 어린 나이에 보았던 죽음에 대한 공포는 자연스럽게 영적인 세계에 관심을 갖게 해주었다.

거기에다 전염병 소동으로 인하여 톡톡히 기도 훈련을 받았던 것도 그의 일생에 큰 영향을 끼쳤다. 하지만 어린 시절 계속 이어졌던 슬픔과 시련은 막 피어오르던 신앙의 싹을 시들게 만든 요인이 되었다. 어머니의 죽음 이후 그의 신앙이 점점 나태해진 것이다. 기도 생활도 겉으로 흉내만 낼 뿐이었고, 일상생활 역시 점점 안일해졌다.

그 다음 해에 브레이너드의 형제들은 동부 헤이담으로 이사했다. 큰 형이 동생들을 돌봐줘야 하기 때문에 직장 근처로 옮기게 된 것이다. 그곳으로 옮긴 후부터는 세상적인 삶이 시작되었다. 소위 '하나님 없는' 생활이었다. 15살 어린 나이에 부모를 잃은 그는 거친 세상을 이겨 나가기에 너무나 힘겨웠다. 때때로 예배당 주변을 맴돌기도 했지만 친구들과 몰려다니면서 놀기에 급급했다. 그러나 어려서부터 쌓아온 신앙심은 그의 마음에서 사라지지 않았다. 그래서 친구들과 집에 돌아오면 죄책감이 들기도 했다.

그러던 어느 날 브레이너드의 생활에 변화가 생겼다. 어머니로부터 배웠던 신앙을 잃어가는 것을 어머니께서 원치 않는다는 것을 깨달은 것이다. 그 후부터 하나님을 생각하는 시간을 많이 갖게 되었다. 전에 하던 대로 기도하는 시간도 가져보았다. 그러나 혼자서 신앙의 길을 가기에는 아직 어린 나이였다. 아무도 돌봐주는 사람도 없이 스스로 신앙을 다듬어간다는 것은 쉽지 않았다. 결국 브레이너드는 죄책감에 사로잡혀 고민하면서 청소년 시절을 보냈다.

나를 보내소서

4년 후 19살이 되던 해 브레이너드는 농장을 경영하기 위해 더럼Durham으로 이사했다. 더럼 농장은 베이컨 삼촌의 소유였다. 베이컨 삼촌은 조카인 브레이너드에게 농장을 관리하도록 배려해주었다. 농장에는 오리, 칠면조, 닭 등이 수천 마리나 있었다. 그곳에서 브레이너드는 농장을 청소하면서 베이컨 삼촌의 일을 도왔다. 그렇게 더럼에서 1년을 보낸 후 20살이 되던 해에 브레이너드에게 중요한 계기가 생겼다.

베이컨 삼촌의 아들 존과 제이콥을 보면서 공부를 하고 싶은 마음이 생겨난 것이다. 그래서 낮에는 열심히 농장 일을 돕고, 오후부터는 공부에 전념하기로 했다. 얼마 후에는 교회 부속 학교에서 대학 진학에 필요한 과정을 체계적으로 공부했다. 그렇게 열중하다 보니 영적인 것보다 공부에 더 재미를 느끼게 되었다. 그러나 신앙과 관련한 책을 읽으면서 새로운 신앙의 세계에 들어서게 되었다. 그리고 점차 영적인 일에 관심을 기울이게 됐다.

어느 날 해질녘 브레이너드는 야외 벤치에 앉아서 성경을 읽고 있었다. 〈이사야서〉를 읽다가 자기도 모르는 강한 확신에 사로잡히는 놀라운 체험을 하게 되었다. 마치 〈이사야서〉의 말씀이 자신에게 주어진 말씀인 듯 생생하게 들렸다.

> 내가 또 주의 목소리를 들은 즉 이르시되 내가 누구를 보내며 누가 우리를 위하여 갈고 그때에 내가 가로되 내가 여기 있나이다 나를 보내소서(사 6:8).

이 구절의 마지막 부분을 읽는 순간 마치 누군가가 자신에게 말하는 것 같은 느낌이 들었다. 더욱이 분명한 어조로 생생하게 말하는 것 같았다. "나를 보내소서!" 그런 확신 가운데 브레이너드는 몇 번이나 그 말씀을 되뇌었다. "나를 보내소서, 나를 보내소서…." 그 체험 후 브레이너드는 며칠 동안 고민했다. 하나님을 위해 살고 싶은 생각은 불같이 일어났지만 목사로서 일생을 헌신하는 것은 왠지 무거운 부담이었다. 자신의 형편을 생각하면 하나님의 종이 되기에는 너무나 열악했기 때문이다. 일찍 부모를 여의고 정상적인 교육을 받지도 못한 데다가 이제 겨우 부설 학교에서 정규 과정을 공부하는 중에 있는 것도 큰 짐이 되었다. 거기에다 형제들과 함께 생활을 꾸려나가야 할 과제도 있었다.

그런 고민 가운데 며칠을 기도하면서 하나님의 뜻을 구했다. 그러던 중 주말에 이르러 마침내 중대한 결심을 하게 되었다. 지금까지 진로 문제로 고민할 때마다 생생하게 들었던 말씀에 순종하기로 마음먹었다. 기도할 때마다 떠오르던 말씀이 하나님의 뜻이라고 생각한 것이다. "나를 보내소서!" 결국 자신이 목사가 되는 것이 하나님께서 기뻐하시는 일이라 믿었다. 자신의 결심에 성령께서 인도해주신 것을 믿고 있었다. 그런 확신 가운데서 브레이너드는 목사의 길을 가기로 결심했다. 장차 목사가 되어 하나님을 위해 기꺼이 헌신하기로 다짐한 것이다.

다음 해 브레이너드는 헤이담에서 목회하는 휘스크 목사와 함께 생활하기 위해서 고향으로 돌아갔다. 이제는 20살이 되어 자기의 미래를 구체적으로 준비해야 할 필요를 느꼈기 때문이었다. 그곳에서 휘스크 목사가 돌아가시기까지 함께 생활하면서 많은 도움을 받았다. 휘스크 목사는 브레이너드에게 애정 어린 충고를 아끼지 않았다. 브레이너드는 휘스크 목사의 조언에 따라 세상 친구들과의 교제를 청산했다. 그리고 나서 영적 훈련에 더욱 집중했다. 가령, 1년에 두 번씩 성경을 읽고, 매일 기도와 예배를 소홀히 하지 않았다.

하지만 휘스크 목사는 그해 늦가을에 타계하고 말았다. 브레이너드는 그토록 따뜻한 사랑을 베풀어준 분이 세상을 떠난다는 것을 믿을 수 없었다. 마치 친아들처럼 자상하게 돌봐주시던 분이었기에 아버지를 잃은 듯한 슬픔을 느끼지 않을 수 없었다. 휘스크 목사의 장례를 마친 후부터는 브레이너드의 생활 패턴이 급격하게 달라졌다. 우선 형과 함께 최선을 다해서 공부하기 시작했다. 학업 외에 영적 생활에도 더욱 관심을 갖기도 했다. 얼마나 신앙에 열심을 내었던지 어른들의 신앙이 소홀한 것을 안타깝게 생각했고, 동료들의 천박한 생활 태도를 볼 때도 무척 안타깝게 생각될 정도였다.

죄 문제와 구원의 축복

브레이너드의 열심은 시간이 갈수록 더욱 뜨거워졌고, 목사의 소명도 확고해졌다. 그런 상황에서도 브레이너드를 괴롭히는 무거운 짐이 하나 있었다. 그것은 마음속에 자리 잡고 있던 죄의식이었다. 목사가 되기 위한 소명을 불태우고, 신앙적인 성숙을 위해 최선을 다했지만 마음 한 구석에 자리 잡고 있는 죄의식은 여전히 자신을 괴롭히고 있었다. 함께 예배를 드리던 동료들에게조차 말할 수 없는 고민이 그의 마음속에서 떠나지 않았다. 종종 하나님의 진노가 그에게 임하는 듯한 두려움을 느끼곤 했다.

그런 느낌이 들면 지금까지 느꼈던 영적인 즐거움이 한순간에 사라져버렸다. 때로는 자신이 지은 죄로 인한 괴로움이 엄습해왔다. 어느 순간에는 더러운 죄의 행실들이 떠오르기도 했다. 그런 죄들을 생각할 때 회개할 죄목들이 헤

아릴 수 없을 정도로 많았다. 그럴 때마다 울면서 회개하며 기도했지만 마음을 얽매고 있는 올무를 벗을 수 없었다. 회개하며 기도하면 할수록 마치 지옥에서 빈둥거리는 자신을 보이는 것 같았다. 때로는 죄의 사슬에 매여 있는 자신의 모습이 아른거려 고통스럽기도 했다.

그런 두려움 가운데서도 간절히 부르짖으며 기도하면서 죄 문제를 해결하려고 몸부림쳤다. 그렇게 기도하는 중에 마음속에 놀라운 평안이 찾아왔다. 넘치는 기쁨이 마음속에서 솟구쳐오르기도 했다. 그 순간 하나님께서 자신의 모든 죄를 용서하셨다는 확신을 갖게 되었다. 하나님을 온전히 만족시켜 드렸다는 생각도 들었다. 그때 자신을 옭아매고 있는 모든 굴레를 벗어버리는 듯한 해방감을 느꼈다. 사망의 늪에서 벗어났다는 확신과 기쁨이 넘쳤다.

그런 체험을 한 후 몇 주일이 지났다. 시간이 지날수록 그날 맛본 은혜의 열기는 점점 식어갔다. 놀라운 은혜의 체험을 한 지 얼마 되지 않았는데 어느 날 우울 증세와 낙담이 다시 물밀듯 몰려온 것이다. 특별한 죄를 짓지 않았는데도 다시 죄의식이 그를 괴롭혔다. 하나님 앞에서 아무 쓸모 없는 죄인이라는 생각에 낙담해 있었다. 죄의식으로 인한 괴로움은 곧바로 우울증과 낙담으로 이어져 브레이너드의 영적 세계를 강타했다. 그래서 온종일 슬픔에 싸여 아무 일도 할 수 없었다. 자신은 주님을 위해서 아무 일도 할 수 없다고 낙담하기도 했다.

어느 날, 평안을 잃어버린 채 두려움에 시달리면서 착잡하게 길을 걷다가 자신의 죄에 대해 끔찍한 생각이 몰려왔다. 마치 밀물처럼 두려움과 공포가 엄습해오는 것 같았다. 그 순간 마음속에 이런 속삭임이 들려왔다.

너는 끝이야! 그렇게 살아서는 영혼이 구원받을 수 없어.

그런 속삭임은 그를 더욱 절망하게 만들었다. 그는 고통스런 마음을 억누를 길이 없어 집으로 되돌아왔다. 겁에 질린 듯한 자신의 모습을 다른 사람에게 보여주기 싫었던 것이다. 하지만 방 안을 오가며 안절부절못할 뿐 어떤 대책도

세울 수 없었다.

그날 밤은 뜬 눈으로 지새웠다. 그런데 새벽 즈음에 갑자기 회개의 기도가 터져 나왔다. 하나님 앞에서 자신의 영혼이 구원받기 위해서는 철저하게 회개해야 한다고 생각하자, 기도의 문이 열리기 시작한 것이다. 하나님의 은혜만이 비참한 상태에 있는 자신을 건져주실 수 있다고 생각하자, 두려움과 공포가 썰물처럼 사라지기 시작했다. 그날 저녁에 체험한 은혜는 브레이너드를 놀랍게 변화시켰다. 믿음이 충만해지고, 매사에 은혜가 넘쳤다. 전에 없던 신비한 은혜를 체험한 후 새해가 되었다.

파도처럼 몰려온 은혜의 물결

2월이 되자 브레이너드는 처음으로 금식을 해보기로 마음먹었다. 지난 두 달 동안 누렸던 은혜는 그의 가슴을 불태웠다. 이제 주님과 은밀한 교제로 더욱 큰 은혜를 체험하기 위해서 금식이 필요하다고 생각한 것이다. 첫 번째 주일이 지난 월요일에 온종일 금식하기로 하고 미리 마음으로 준비했다. 금식이 시작되자 우선 다시 한 번 눈을 열어 자신의 죄악을 보게 해달라고 부르짖었다. 하나님의 긍휼을 충만하게 입기 위해 오전 내내 간구했다. 주님의 자비하심으로 장차 목회 사역을 잘 감당하도록 마음을 모아 기도했다.

기도의 세계에 빠져들어 갈수록 자신의 사악한 마음이 뚜렷하게 보였다. 말조차 꺼내기 힘든 추잡스러운 죄악이 온 마음에 꽉 차 있음을 보았다. 완고한 자기 고집을 깨닫고, 교만한 성품도 발견했다. 그 모든 죄악을 빠짐없이 내어놓고 하나하나 자복했다. 자기의 위선을 통회했다. 그런 회개와 함께 깨닫게 된 새로운 사실이 있었다. 그동안 자신이 종종 비탄에 빠지고, 은혜의 세계를 이탈한 원인을 발견한 것이다. 그것은 지금까지 자신이 율법에 얽매여 있었다는 사실이었다.

그때까지만 해도 자신이 최선을 다하기만 하면 율법 그대로 살 수 있을 거라 여겼다. 자기 스스로 구원에 이를 수 있다고 생각한 것이다. 하지만 자기의 모든 노력이 헛된 것이라는 것을 알았다. 구원에 이르는 길은 오직 믿음뿐이라는 것을 깨달은 것이다. 심지어 하나님을 위해 살고자 결심한 후 '자신감'과 '희망'을 가졌던 것조차 아무것도 아니라는 것을 깨달았다.

목사의 길을 가기로 결심한 것도 하나님의 영광이 아니라 자신의 영광을 위한 것이었음을 알게 되었다. 하나님께서 주신 직분에 충성하긴 했지만 그것이 진정으로 하나님을 경외해서가 아니라 자신의 욕구를 만족시키는 일에 불과했다는 것도 알았다. 결국 지금까지 자신을 위해서만 살았지 하나님을 위해서 살아본 적이 없던 것이다. 교회 일을 하는 것이 하나님을 경외하는 것과 직결되는 것이 아니라는 것도 알게 되었다. 오히려 자기의 직분을 미끼로 하나님을 조롱하고, 그분의 영광까지 가로채고 있음을 깨달았다. 기도 중에 성령께서 모든 것을 깨닫게 해주셨다.

그런 깨달음과 함께 통회의 시간을 마쳤을 때 순간적으로 표현할 수 없는 영광이 그의 심령을 사로잡았다. 그는 경이로움과 감탄으로 그저 멍하니 서 있을 뿐이었다. 지금까지 여러 차례 은혜를 체험하긴 했지만 그런 영광의 빛이 임한 적은 한 번도 없었다. 말로 표현할 수 없는 황홀감과 신비로움이 밀려왔다. 신령한 영광의 빛이 하늘에서 강렬하게 비치었다. 그 순간 탁월하신 하나님의 품에 자신이 안겨 있는 듯 착각할 정도였다. 보좌에 앉으신 하나님의 영광을 본 것 같았다.

몇 차례의 굴곡이 있었지만 브레이너드는 계속되는 기도와 금식, 묵상과 특별한 은혜들을 통해서 구원의 길이 어디에 있는지 분명하게 깨닫게 되었다. 지금까지 자신이 그려왔던 구원의 길에 비하면 그것은 상상할 수 없이 탁월하고 놀라운 것이었다. 결국 구원을 위한 자신의 모든 방법들을 포기할 때 그리스도의 의義를 통해서 주어지는 구원의 선물을 깨닫게 된 것이다. 한때 구원의 길에 대해서 확신하지 못해서 몇 번이나 정독했던 스토다드Stoddard의 《그리스도께로 가는 길》에서 제시해준 구원의 도리를 그제야 이해하게 되었다.

죄의 문제가 해결되고 구원의 축복을 확신하면서부터 브레이너드는 영적으로 놀라운 달콤함을 누렸다. 간간이 전과 같은 죄의식이 찾아와 유혹했지만 철저한 회개와 기도로 그런 어려움을 물리쳐나갔다. 그렇게 기도할 때마다 큰 은혜의 빛이 브레이너드의 심령 위에 비춰졌다. 그럴 때면 다시금 천국의 기쁨과 영혼의 즐거움을 맛볼 수 있었다. 하나님의 말씀은 구절마다 영혼의 양식이 되었다. 그해 봄, 여름이 지나는 내내 신앙생활에 활기가 넘쳤다. 매일 그의 영적 순례에 풍성함이 더해졌다. 망망대해에 거친 파도가 몰려오듯 은혜의 물결이 날마다 브레이너드의 영혼을 덮었다.

　금식의 문을 처음 열기 시작한 2월부터 그해 가을까지 기도와 금식이 끊이지 않았다. 종종 은밀한 곳을 찾아가 하나님과 깊은 교제를 나누었다. 사실 그의 건강은 좋은 편이 아니었다. 기도할 때마다 숨이 끊어질 듯한 기침이 늘 그를 괴롭혔다. 육신의 호흡은 방해를 받았지만 영혼의 호흡은 그 무엇도 방해하지 못했다. 오히려 금식을 통해서 육신의 질병을 물리치려고 몸부림쳤다. 그러는 사이에 그의 영혼은 말할 수 없는 하나님의 영광에 도취되어 황홀한 체험을 하곤 했다. 그런 체험들은 어떤 환상이나 형상이 아니었으며, 분명 그의 영혼은 새로운 세계에 들어가 있었다.

꿈과 좌절의 교차로, 예일 대학교

브레이너드는 21살의 나이로 예일 대학교에 입학했다. 그의 생애에서 예일 대학교는 꿈과 좌절의 교차로였다. 대학에 입학하여 놀라운 은혜를 체험하고, 영적으로 성장했지만, 한편 퇴학이라는 불명예로 한때 실의와 좌절 가운데 청년기를 보냈기 때문이다. 브레이너드는 대학 입학에 대해 심각하게 고려했다. 대학 생활과 학문이 경건 생활에 방해가 될 것 같은 예감 때문이었다. 그러나 대학 공부가 목회를 위한 예비 단계가 되리라고 생각하여 입학을 결정했다.

그의 예감대로 대학에 입학한 후 유혹이 끊이지 않았다. 특히 친구들을 통해서 다가온 세상의 유혹은 감당할 수 없을 만큼 집요했다. 당시 많은 대학생이 카드놀이, 술, 음탕한 이야기 등으로 시간을 보냈다. 대부분 대학생의 생활은 세상적이었다. 그런 친구들은 브레이너드를 서슴없이 유혹해왔다. 하지만 브레이너드는 달콤하게 다가오는 유혹들을 단호하게 물리쳤다. 믿음의 친구들과의 교제는 그런 유혹을 물리치는 방편이 되었다.

캠퍼스 생활은 활기가 넘쳤다. 영적으로 충만한 가운데 1740년 1월 겨울 학기가 시작될 무렵 대학에 홍역이 번졌다. 브레이너드 또한 홍역에 걸려서 고향으로 돌아가게 되었다. 헤이담에서 정성을 다해 치료를 거듭했으나 별 차도가 없었다. 오히려 더욱 열이 나고 병세가 심해졌다. 나중에는 숨을 쉴 수 없을 정도로 열이 나서 심각한 상태가 되었다. 그런 위기의 순간에 하나님께서는 브레이너드를 거두어 가시지 않으셨다.

얼마 후에는 건강을 되찾아 학교로 갔다. 캠퍼스로 돌아온 브레이너드는 기도 응답을 상기하면서 영적인 눈을 뜨기 시작했다. 부활절 휴가가 끝난 후 6월쯤에는 건강이 다시 악화될 정도로 학업에 열중했다. 교수들과 친구들은 학업을 중단하고 쉬어야 한다고 충고했다. 그때마다 은밀한 기도를 통해 다시 힘을 얻고 학업과 신앙 증진에 최선을 다했다. 학업에 주력하면서도 영적인 성장에도 소홀히 하지 않았다.

그런 가운데 브레이너드의 영적 상태는 놀랄 만하게 성장했다. 그렇지만 몸은 너무나 약하여 지탱할 수 없을 정도가 되었다. 기침은 그를 괴롭히는 단골손님이었다. 의사는 몸의 상태로 보아 학업을 중단하고 쉬어야 한다고 조언했다. 하지만 브레이너드에게 쉴 만한 여유가 없었다. 목회를 위해서 학업을 성공적으로 마치고 싶은 열망 때문이었다. 의사도 그의 고집을 꺾을 수 없었다. 의사는 하는 수 없이 기침을 멎게 하는 약을 처방해주었다.

브레이너드는 몸을 쉬어야 한다는 의사의 조언을 받아들여 건강 회복을 위해서 쉬는 시간을 많이 갖기로 했다. 그렇다고 기도 생활을 쉴 수는 없었다. 비록 몸은 쇠약해졌지만 캠퍼스 생활은 즐거웠다. 교정에서 일어난 영적 각성 운동은 날이 갈수록 열기를 더해갔다. 거기에다 그해 졸업식 설교를 위해서 캠퍼스를 방문한 조나단 에드워즈 목사로부터 학생들은 굉장한 도전을 받았다. 졸업식 설교에서 에드워즈 목사는 목회자들의 뜨겁지 못한 영성과 미지근한 열심을 가차 없이 비판했다.

에드워즈 목사의 졸업식 설교 이후에 학생들은 교수들의 영적인 상태에 대해서 불만을 가졌다. 어느 날 브레이너드는 몇몇 친구들과 함께 강당에 가서 기도 모임을 갖게 되었다. 한 시간 정도 뜨겁게 기도한 후 친구들은 서로 영적인 문제들을 이야기하면서 교제를 나누었다. 그때 자신들의 상황을 이해해주지 않은 교수들에 대해서 불만을 토로하곤 했다. 그런데 브레이너드와 친구들이 대화하는 것을 엿들은 신입생 한 명이 있었다.

강당에서 책을 읽고 있다가 대화를 엿듣고 자기 동네의 한 여인에게 그 사실을 말했다. 그것도 브레이너드가 대학 학생부 규율 담당자에 대해서 그렇게 말했다고 잘못 전했다. 그 여인은 곧바로 교구 목사에게 브레이너드의 이야기를 전했고 교구 목사는 브레이너드와 그의 친구들을 불러서 진상을 파악하기 시작했다. 브레이너드는 당시의 상황을 자세하게 해명했다. 친구들 역시 브레이너드가 누구도

비난하거나 험담한 일이 없다고 입증해주었다. 다만 영적으로 냉냉한 것을 지적했을 뿐이라고 주장했다.

하지만 교구 목사는 브레이너드가 큰 죄나 지은 것처럼 강당에서 전 대학생이 모였을 때 공적으로 사과한 후 회개하라고 강요했다. 세 친구들은 당시의 상황을 진솔하게 증언했지만 교구 목사는 막무가내였다. 브레이너드 역시 교구 목사의 요구에 응하지 않았다. 결국 교구 목사는 학교 당국에 브레이너드의 등교를 금지하도록 조치를 취했다. 결국 그 일로 인하여 1742년 3학년 겨울 학기가 시작될 무렵 브레이너드는 퇴학당하고 말았다.

브레이너드의 퇴학 사건은 캠퍼스를 술렁거리게 했다. 한참 피어오르던 영적인 열기에 찬물을 끼얹은 일이기도 했다. 학생들의 반발이 거세게 일어났다. 무엇보다도 브레이너드에게는 큰 충격이었다. 대학 당국의 처사가 부당했지만 일방적인 결정에 대해서 대응할 방도가 없었다. 그 불행한 사건으로 인해 브레이너드는 큰 상처를 받았다.

2장

은혜의 세계를 항해하는 영적 순례

신학 수업을 시작하다

고향으로 돌아간 브레이너드는 퇴학의 충격으로 인해서 한동안 무기력하고 우울한 상태로 지냈다. 캠퍼스에서 받았던 뜨거운 열기도 점점 냉기로 변했다. 마음속에서 끓어오르는 복수심 때문에 신앙의 리듬도 끊어지고 말았다. 자신을 모함하고 괴롭혔던 사람들에 대한 증오감으로 인하여 영적 생활을 이어갈 수 없었다. 그럴수록 마음의 고통은 더해갔다. 영혼의 상처도 더욱 커졌다. 아무리 기도하면서 상처를 씻어보려 해도 종종 우울증에 시달렸다.

그해 4월 즈음에 브레이너드는 겨우 안정을 되찾았다. 그리고 나서 곧바로 리프톤에 있는 밀즈 목사 댁으로 갔다. 밀즈 목사는 휘스크 목사의 절친한 친구였다. 몇 년 전 휘스크 목사의 장례식을 집례하기도 했다. 그런 연고로 브레이너드는 대학 시절 내내 밀즈 목사로부터 많은 도움을 받아왔다. 때때로 신앙 상담을 했고, 목회자로서 갖춰야 할 소양도 들었다. 대학에서 퇴학을 당한 후 처음으로 찾아간 사람도 밀즈 목사이었다. 대학을 떠난 지 몇 개월 지나서 브레이너드는 밀즈 목사를 다시 찾아가 진로를 상담했다.

그때 브레이너드는 밀즈 목사 댁에 머무르면서 개인적으로 신학 수업을 받고 싶다고 제안했다. 그 무렵 미국 교회에서 목회자가 되는 길은 두 가지가 있었다. 하나는 대학에서 교육을 받는 과정이고, 또 하나의 길은 개인적으로 신학 수업을 받는 것이었다. 많은 목사 후보생들이 대학을 졸업하고 존경하는 목사의 집에 머물면서 개인 지도를 받으며 신학 수업을 한 후에 목사 고시를 치렀다. 그런 상황이었으니 브레이너드가 밀즈 목사에게 개인 지도를 부탁한 것은 자연스러운 일이었다.

밀즈 목사 댁으로 가서 생활한 것은 브레이너드의 생애에 있어서 중요한 의미가 있었다. 대학에서 받은 아픈 상처를 씻고 새로운 출발을 했다는 점, 그곳에서 목회 사역을 감당하기 위해서 신학 공부를 시작했다는 점, 더 깊은 기도의 세계를 경험하게 되었다는 점, 그리고 신학 수업 후 검증을 거치고 나서 설교의 자격을 얻었다는 점 등은 그의 생애 전기轉機가 될 말한 일들이었다. 세상에서 받은 상처로 고통받던 브레이너드에게 넘치는 하나님의 긍휼이 임한 것이다.

밀즈 목사 사택에서 신학 수업을 시작하면서부터 브레이너드의 생활에는 다시 활기가 넘쳤다. 모든 것이 새롭고, 즐거웠다. 대학의 과목들보다 신학 과목에 더 재미를 느끼게 되었고, 공부하면 할수록 더 깊은 신학의 세계로 빠져들어갔다. 특히 목회학을 배우면서 영혼이 불타오르는 듯한 느낌을 받기도 했다. 하나님께서 맡겨주신 양 떼들을 돌보고 섬기는 것처럼 가치 있는 일이 없다는 것을 확신하기도 했다. 그렇게 해서 브레이너드는 세상에서 가장 값진 일은 교회를 섬기면서 목회하는 일이라는 것도 깨닫게 되었다.

그런 수업들이 리프톤에서만 이루어진 것은 아니었다. 밀즈 목사로부터 개인 지도를 받으면서 주변의 여러 목사를 찾아가서 각 과목을 차례대로 배웠다. 그런 식으로 주변의 목사들을 찾아다니며 목회 수업을 계속하면서 기도의 꽃을 피웠다. 그는 매일 기도의 즐거움을 누렸다. 때로는 온종일 기도했고, 어떤 때는 금식으로 보냈다. 또 어떤 때는 숲 속에서 울부짖었고, 공원에서도 간구했다. 예배당이나, 길거리에서도 틈만나면 기도에 열중했다.

그렇게 기도하면서도 종종 찾아온 우울 증세는 그를 낙담하게 만들었다. 대학에서 퇴학당한 사건은 그를 깊은 절망으로 끌어내리곤 했다. 이미 사랑과 온유함을 배우는 계기로 삼기로 하고 모든 것을 잊었지만 온종일 우울한 마음에 사로잡힐 때가 있었다. 학위의 과정을 포기해버렸으나 가끔 찾아온 슬픈 추억들은 억누를 수 없는 무거운 짐이 되곤 했다. 육신의 연약함도 감당하기 힘든 고통이었다. 그런 식으로 찾아온 우울 증세는 그의 영혼을 하나님 앞으로 이끌어가는 채찍과 같았다.

몇 개월 동안 개인적으로 목회 수업을 받은 후 7월 말에 이르러 댄베리에서 설교할 자격을 갖추는 시험을 치렀다. 그 시험을 통과한 후 브레이너드는 24살의 나이에 복음을 가르칠 자격과 함께 설교할 자격도 얻게 되었다. 모든 것이 미숙했지만 곧바로 사우스베리에서 설교할 기회가 주어졌다. 공적인 자리에서 설교한다는 것은 큰 영광이었다. 브레이너드는 아침 일찍 말을 타고 사우스베리로 출발했다. 그는 가는 동안 내내 하나님께 구했다.

10시경에 사우스베리에 도착하여 베드로전서 4장 8절 말씀으로 설교했다. "무엇보다도 열심히 사랑할지니 사랑은 허다한 죄를 덮느니라." 처음으로 하는 설교여서 무척 긴장되고 떨렸다. 그러나 놀랍게도 설교 시간 내내 사람들의 마음을 사로잡아주시는 하나님의 손길을 느꼈다. 첫 설교가 끝난 후 브레이너드의 설교가 주변 교회에 소문나기 시작했다. 아직 목사 안수도 받지 않은 새내기 설교자였지만 사람들의 심령을 움직이는 그의 설교는 입에서 입으로 퍼져나갔다.

능력 있는 설교와 선교의 헌신

며칠 후 웨스트써휠드 교회에서 설교하게 되었다. 브레이너드는 설교를 위해서 기도로 많이 준비했다. 하나님의 손길이 아니면 설교할 수 없다는 생각 때문에 미리 준비하지 않을 수 없었다. 자신이 말씀을 전하기에 너무나 부적합한 인격이라는 것을 생각하면서 주님의 도움을 구했다. 회중 앞에 서기에는 너무나 무지하다는 생각에 눈물로 주님께 의지했다. 그렇게 기도로 준비할 때 하나님께서는 설교의 능력을 베풀어주셨다.

요한복음 10장 10절을 본문으로 "생명이신 예수님"이라는 말씀을 전했다. 말씀을 전할 때 브레이너드 자신이 주님의 생명으로 충만해 있음을 스스로 느꼈다. 그는 준비된 말씀을 힘 있게 전했으며, 말씀이 전파될 때 교인들의 얼굴에는 생기가 돌았다. 그리스도의 생명이 온 교인 위에 임하는 것 같았다. 브레이너드의 설교는 능력이 넘쳤다. 평이하면서도 복음이 담긴 설교였다. 자기의 지식과 지혜를 자랑하지도 않았다. 그렇게 성령의 역사는 가는 곳마다 일어났고, 은혜받은 사람들이 늘어나 칭찬이 자자했다.

은혜의 세계를 항해하는 영적 순례는 계속되었다. 브레이너드는 아직 목사 안수를 받지 않았지만 그의 설교가 소문나면서 말씀을 전할 수 있는 기회가 자주 생겼다. 10월이 지나자 뉴헤이번 주변의 교회에서 설교하는 횟수가 잦아졌다. 그렇다고 설교하는 것이 주된 일은 아니었지만 설교를 준비하는 일과 기도하는 일에 더 많은 시간을 할애했다.

특히 설교를 준비하기 전에는 늘 조용한 숲 속을 찾아 주님과 은밀하게 교제를 나눈 후에 말씀을 준비하곤 했다. 물론 육신으로는 늘 피곤함을 느꼈지만 영적으로는 무한한 기쁨이 넘쳤다. 가끔 견디기 힘든 고통스런 기침과 정신적으로 끊임없이 찾아오는 우울 증세는 그의 영적 상태를 혼란하게 하였다. 때때로 낙심하게 만들고, 깊은 절망감에 빠지게 했다. 그때마다 브레이너드는 필사적인 노력을 다해 주님께 나아갔다. 그런 육신의 연약함은 브레이너드의 무릎을 강하게 만들어주는 훈련소와 같았다.

그러던 중 11월 중순에 이르러서 뉴욕에 거주하는 펨버튼 목사로부터 편지 한 통을 받았다.

친애하는 데이비드 형제에게

지난번 나의 친구 헬렌 벤트 목사로부터 자네가 인디언들에게 복음을 전하는 데 관심을 갖고 있다는 소식을 들었다네. 지금 이 지역의 인디언들은 누구에게도 복음을 듣지 못해서 어두움 가운데 있는 실정이라네. 정말 불쌍한 영혼들이야. … 간헐적으로 복음을 전하는 사역자들이 있지만 전적으로 인디언 선교에 헌신한 사람이 없어서 기도 중이네. 이번에 뉴욕으로 와서 그 문제를 한번 상의했으면 좋겠는데 자네의 의향은 어떤지 답해주길 바라네. 우리 교회는 앞으로 인디언 선교를 전폭적으로 지원하려고 기도하고 있다네.

주님의 사랑으로 펨버튼 씀.

편지를 받은 브레이너드는 인디언의 영혼이 더욱 불쌍하게 생각되었다. 한동안 인디언 선교에 대한 생각이 떠나지 않았다. 우선 그 문제를 가지고 친구들과 상의하면서 하나님의 뜻을 구했다. 한 친구는 인디언 선교가 매우 위험한 사역이니 더욱 신중을 기하라는 입장이었다. 하지만 다른 친구는 정반대의 견해를 보였다. 인디언 선교가 어렵고 죽음을 무릅쓴 사역이기는 하지만 복음을 위한 가장 영광스런 사역이라면 헌신을 결단하라는 것이었다. 브레이너드는 친구들의 입장을 듣고 더욱 기도에 힘썼다.

그렇게 기도할수록 불쌍한 영혼들이 마음에서 떠나지 않았다. 그는 한 주간 동안 기도에 전력한 후에 뉴욕으로 향했다. 인디언들을 위해서 복음을 전하고 싶은 마음이 불타올랐지만 막상 뉴욕으로 향하는 발걸음은 매우 무거웠다. 거기에다 도시의 혼란과 소란스러움 때문에 어리둥절하기도 했다. 그래도 그의 영혼은 하나님을 갈망하는 마음으로 가득 차 있었다. 뉴욕에 도착할 때까지 그는 기도와 간구로 하나님께 도움을 구했다. 마침내 브레이너드는 설레는 마음으로 펨버튼 목사의 사택을 두드렸다. 그는 브레이너드를 따뜻하게 맞아주었다.

정말 잘 왔네. 우리가 자네를 위해서 얼마나 기도했는지 모르네. 이번에 협회에서 인디언 선교에 가장 준비된 일꾼을 물색하던 중에 자네가 천거되어 이렇게 초청하게 되었네. 내일 협회에서 나온 목사들과 인터뷰가 있으니 잘 준비해주게나.

다음 날 아침 협회에서 나온 목사들과 인터뷰를 했다. 협회 목사들은 뉴욕, 뉴저지, 펜실베이니아 그리고 스코틀랜드 등의 각 선교협회 간부들이었다. 여러 가지 질문으로 인터뷰를 마친 후 브레이너드는 복음을 알지 못하고 죽어가는 인디언들을 생각하며, 자신이 그들을 위해서 헌신해야겠다고 다짐했다.

최초로 열린 인디언 선교의 문

인터뷰 후 며칠 동안 브레이너드의 마음은 온통 인디언들로 가득했다. '그들에게 복음을 전하는 일이 얼마나 복된 일인가? 죽어가는 영혼이 살아나서 하나님의 보좌로 나아가는 것을 보는 일처럼 값진 일이 또 어디 있을까?' 하나님을 위해 자신의 모든 것을 드릴 수 있어 너무나 영광스러웠다. 하지만 선교를 위한 헌신과 다짐에도 불구하고 죄로 가득한 자신의 영혼에 대해 한탄할 때가 많았다. 마음속에 가득한 추악한 감정들 때문에 복음을 증거하는 사자로 쓰임 받을 수 없을 것 같다는 생각이 들기도 했다.

먼지와 재 같은 존재인 자신을 생각할수록 거룩하고 영광스러운 복음을 전할 수 없다는 생각 때문에 괴롭기까지 했다. '과연 내가 인디언들에게 복음을 전할 수 있을까? 그들이 나의 내면을 들여다본다면 얼마나 실망할까?' 이런 생각들이 몰려오면서 자신의 비참한 모습 때문에 견딜 수 없었다. 짐승같이 무질서하게 살아온 자신을 돌아볼 때 복음 사역을 감당할 수 없으리라는 절망적인 생각이 들었다. 며칠 전에 당당하게 말했던 인터뷰 내용들이 모두 가식처럼 느껴지기도 했다.

뉴욕에서 보냈던 며칠간은 브레이너드의 생애에서 매우 중요한 시점이었다. 그 시기에 선교에 대한 헌신을 새롭게 결단했기 때문이었다. 복음을 위해서 자신의 몸을 온전히 드리겠다는 각오를 새롭게 한 것도 그때였다. 며칠 후 협회 간부들은 브레이너드를 인디언 선교사로 파송하는 데 전원 동의했다. 펨버튼 목사는 곧바로 브레이너드에게 소식을 알려주었다. 그날 브레이너드는 밤을 새면서 하나님께 구했다. 막대기 같은 자신을 쓰시려는 하나님의 섭리에 대해 그저 감격할 뿐이었다.

뉴욕에서 돌아온 브레이너드는 모든 준비를 마친 수습 선교사로서 최초로 소수의 인디언이 사는 사우스베리 외곽의 깊은 숲 속에 이르렀다. 모든 것이 새로웠다. 사람들은 브레이너드 일행을 보고 슬슬 피해 다녔다. 어린아이들 조차도 생소한 사람들을 구경하듯이 쳐다보며 도망갔다. 오후에 한 사람을 만났지만 역시 힐끗힐끗 쳐다볼 뿐이었다. 사람을 만날 수 없었고, 대부분의 사람이 일행을 경계하는 눈치였다. 해질 무렵에야 동행했던 로널드가 한 소년과 사귀었다. 종종 성급한 성격 때문에 실수를 거듭하기도 했던 친구가 이번에는 톡톡히 한몫 해냈다. 유창하지는 않지만 로널드의 인디언 말도 큰 몫을 했다.

14살쯤 되어 보이는 '짐 홀렛트파스켓싱아'라는 소년은 금방 복음을 받아들였다. 그는 부모가 없이 동네 삼촌 댁에서 함께 살고 있었다. 소년은 매우 열악한 환경 속에 있었다. 제대로 교육받지 못했고, 정상적인 생활도 어려웠다. 그는 아주 어렸을 때 누군가 한 번 예수님에 대해서 들려준 적이 있지만 그 후로는 전혀 듣지 못했다고 했다. 로널드는 예수님의 어린 시절에 대해 재미나게 설명하면서 짐을 브레이너드에게 데려왔다. 그날 저녁 브레이너드는 로널드에게 짐을 공부시키자고 제안했고, 모든 경비는 자신이 부담하겠다고 했다. 로널드 역시 동의했다.

브레이너드는 짐의 교육을 책임지면서 차츰 그를 복음의 일꾼으로 키워나갈 계획이었다. 그제야 브레이너드는 자신에게 주어진 유산의 일부가 바로 이때를 위해서 준비된 것이라고 생각하면서 하나님을 찬양했다. 그에게는 자신의 사비를 털어서라도 인디언 선교의 문을 열어야겠다는 확고한 의지가 있었다. 그렇게 해서 짐은 브레이너드가 제공한 장학금으로 몇 년간 공부하고 신학 수업을 마친 후 인디언 선교의 가교 역할을 잘 감당했다. 인디언 선교의 문은 비교적 순탄하게 열렸다.

하지만 이제 시작에 불과했다. 선교지에서 최초로 예비된 사람을 만나 복음의 일꾼으로 키워가게 하신 것은 하나님의 섭리요, 축복이었다. 인디언 선교를 위해서 헌신한 이후 얼마나 많은 시간을 기도로 준비해왔던가! 복음의 열매를 맺기 위해서 얼마나 간절한 소원을 가졌던가! 복음의 열매는 준비된 것만큼 거둘 수 있다. 자기의 그릇대로 거두는 것도 하나님 나라의 원리요, 영적 계산법이다.

카우나우믹 선교사 파송

해가 바뀌었다. 브레이너드는 지난겨울에 인디언 선교의 첫 열매를 거둔 후 로널드와 함께 기도로 준비하고 있었다. 며칠 후 협회에서 연락이 왔다. 가능하면 빨리 인디언들이 거주하는 델라웨어 강 분기점과 서스쿼해나Susquehanna 강 근처로 들어가기를 원하는 편지였다. 그곳은 사우스베리 지역의 인디언들과 달리 많은 인디언이 사는 지역이었다. 선교협회에서는 그 지역에서 복음을 전하는 일이 매우 위험한 일이라는 것을 이미 알고 있었다.

하지만 누군가 서스쿼해나 강 근처의 선교를 위해 고난의 길을 가야 했다. 협회는 브레이너드가 그곳의 선교를 위해서는 가장 적임자라고 생각하면서 파송을 요청한 것이다. 편지를 받은 이후 브레이너드에게 영적 투쟁이 계속되었다. 마치 거대한 파도 같은 엄청난 갈등이 그의 영혼을 타격했다. 자신이 선교사로 파송된다 해도 아직까지 남아 있는 분노와 혈기의 찌꺼기들이 불쌍한 영혼들에게 드러나면 어떻게 할까라는 염려가 엄습해왔다. 그러면서 선교사로 가는 일이 너무나 부끄러운 일이라고 생각되었다.

하늘 아래 사는 존재 중에서 자신이 가장 추하고 더러운 죄인이라는 생각이 들자 견딜 수 없는 고통이 밀려왔다. 그런 생각들과 함께 마음 한 구석에서 다음과 같은 속삭임이 들려왔다.

너는 할 수 없어. 할 수 없단 말이야. 선교란 경건하고 거룩한 일꾼들이 하는 것이지 너 같은 죄인이 하는 것이 아니야. 너는 더 준비해야 해. 아직 갈 수 없어!

이런 속삭임에 너무나 고통스러웠다. 정말 아무것도 할 수 없는 것처럼 생각되었다. 모든 것을 포기하고 싶기도 했다. 며칠간 고통스러운 날을 보냈다. 복음의 전사를 무너뜨리려는 마귀의 공작이 집요하게 이어졌다. 마귀는 가능한 모든 방법을 동원해서 준비된 선교사를 공격했다. 브레이너드가 마음이 여려서 쉽게 절망하곤 하던 약점을 교묘하게 이용했다.

그렇게 치열한 영적인 싸움을 계속하다가 브레이너드는 숲 속을 찾아갔다. 몇 시간 동안 부르짖으면서 기도했다. 그러자 다시금 주님의 위로가 넘쳤다. 연약한 마음을 친히 어루만져 주심을 느꼈다. 마침내 그의 영혼이 소생되었다. 하나님의 능력으로 옷 입고 복음을 위해 일할 수 있다는 확신이 생겼다. 하늘 보좌를 향하여 부르짖는 기도로 그 영혼이 새 힘을 얻은 것이다. 해가 지는 줄도 모르고 주님과 교제가 계속되었다.

그 후 3월 둘째 주일에 이스트 햄프턴 교회에서 고별 설교를 하게 되었다. 창세기 5장 24절을 본문으로 "에녹이 하나님과 동행하더니"라는 말씀을 전했다. 설교를 통해서 브레이너드 자신이 큰 확신과 은혜를 맛보았다. 마치 이제 파송되는 자신을 위해서 스스로 전하는 말씀인 듯했다. 그 말씀은 많은 사람이 회피해온 위험한 인디언 지역으로 가면서 자신이 붙들어야 할 말씀이었다.

원래 브레이너드는 델라웨어 지역에 거주하는 인디언들에게 가도록 되어 있었다. 그 지역을 위해서 기도하고 준비하던 중에 선교지를 변경해야 한다는 협회의 통보를 받았다. 델라웨어에서는 백인들과 인디언들 사이에 영토 분쟁이 일어나 선교를 수행하기가 어렵다는 것이었다. 파송을 몇 주 앞두고 이러한 소식을 접한 브레이너드는 선교지 변경에 대해서, 스톡브리지에서 인디언들에게 선교하고 있던 고참 선교사 서전트에게 문의하는 한편 기도로 하나님의 인도하심을 구하고 있었다. 협회에서는 그의 조언이 유익할 것이라는 전갈을 보냈다.

며칠 후에 서전트에게서 연락이 왔다. 지금으로서는 카우나우믹Kaunaumeek에 사는 인디언들에게 가는 것이 성공할 가능성이 많다는 것이었다. 그렇게 해서 브레이너드는 카우나우믹으로 파송받게 된 것이다. 그는 마치 전쟁터에 나가는 장군처럼 많은 교인의 격려를 받으면서 말을 타고 이스트 햄프턴을 떠났다.

외로운 인디언 사역

카우나우믹으로 가는 길은 평탄하지 않았다. 브룩헤이븐까지 약 80킬로미터쯤 되는 거리여서 온종일 가야 했다. 브레이너드는 저녁쯤 돼서야 브룩헤이븐에 도착하여 투숙했다. 그때 친구들이 숙소를 방문했다. 그들은 목회 수업을 함께 받던 믿음의 친구들이었다. 웨스트 달링에서 출발한 그들은 약 60킬로미터쯤 말을 타고 오느라 늦게 도착했다. 친구들은 카우나우믹 인디언들에 대한 정보를 상세하게 알려주었다.

이틀 후 브레이너드는 뉴욕에 도착하여 2주 정도 머무르면서 마지막 설교 준비를 마쳤다. 3월 마지막 주일에는 뉴욕 예루살렘 교회에서 오전과 저녁에 설교했다. 교사 중 한 명이 인디언 선교사로 파송된 경험 때문인지 온 교인이 진지하게 말씀을 경청했다. 고별 설교에 하나님의 능력이 임했다. 모두 기뻐하며 청년 선교사에게 아낌없는 격려를 보내주었다. 브레이너드는 조용하고 차분하게 말씀을 전했지만 성령의 역사가 강하게 일어났다. 설교를 마친 후에는 온 교인이 합심해서 인디언 선교를 위해서 뜨겁게 기도했다.

다음 날 이른 아침에 브레이너드는 뉴욕을 떠났다. 스톡브리지를 거쳐 20킬로미터쯤 말을 타고 카우나우믹의 입구에 도착했다. 카우나우믹으로 들어가는 길은 황폐하고 험했다. 온종일 말 위에서 시달린 탓인지 몸이 뻐근했다. 정신적으로도 긴장한 탓에 몹시 지쳐 있었다. 마을에 도착한 브레이너드는 열악한 현실을 보며 한동안 멍하니 곳곳을 쳐다보았다.

인디언들은 자작나무와 나무껍질로 만든 오두막집이나 짚으로 만든 움막에서 살았다. 브레이너드는 다행히 통나무 집에서 살고 있는 스코틀랜드 사람들과 함께 거주할 수 있었다. 그는 가난하고 무지한 인디언들을 보면서 큰 번민을 느꼈다. 하지만 불쌍한 영혼들에게 줄 최고의 선물은 복음뿐이라고 생각하면서 다시금 단단히 각오했다. 시간이 지날수록 생소했던 카우나우믹의 환경이 눈에 익어갔다. 4월 20일에는 25번째 생일을 맞이하여 온종일 금식하며 보냈다.

카우나우믹에서 생활한 지 한 달쯤 지났을 때 내적인 번민이 찾아왔다. 전에 종종 괴롭혔던 우울 증세가 브레이너드를 다시 엄습했다. 인디언들의 영혼을 더욱 사랑하지 못했다는 자책감이 그를 괴롭힌 것이다. 더욱이 그를 절망으로 몰아갔던 것은 외로움이었다. 자신과 영어로 교통할 수 있는 인디언은 요한 한 사람뿐이었다. 속마음을 털어놓고 영적인 교제를 나눌 사람도 없었다. 그러나 이사야 40장 1절을 묵상하는 중에 지금 당장 위로가 필요한 것은 자신이 아니라 인디언들이라는 음성이 들려왔다.

인디언들은 살 땅이 없었다. 그들이 사는 땅 역시 독일인의 땅이었다. 독일인들은 강압적으로 인디언들의 땅을 빼앗아가버렸다. 그 영향으로 카우나우믹 인디언들은 브레이너드를 조금도 신뢰하지 않았다. 요한을 비롯한 몇 사람만 브레이너드에게 관심이 있을 뿐 모두 경계했다. 그런 상황에서 브레이너드는, 인디언들을 위로하는 것이 자신이 해야 할 일인데도 불구하고 연약하여 넘어져 있었던 것이 한탄스러웠다. 인디언들에 비하면 브레이너드는 천 배나 더 좋은 환경이었던 것이다.

인디언 마을에 거한 지 3개월이 지난 후부터 브레이너드는 현지인이 살고 있는 곳으로 거처를 옮겼다. 두 가지 목적 때문이었다. 하나는 그들과 함께 살면서 봉사하며 섬기기 위함이고, 또 하나는 그곳에 계속 머무르려면 안정된 거처가 필요했기 때문이다. 브레이너는 거처를 옮긴 후 거의 한 달 동안 작은 움막을 완성했다.

시간이 지날수록 그들의 영혼을 사랑하는 마음이 깊어갔다. 그때마다 인디언들을 위해 자신을 더욱 희생해야겠다는 결심이 새로워졌다. 그럼에도 불구하고 브레이너드는 자신의 영혼이 메말라가는 것을 느꼈다. 매일의 피곤한 일정 때문이었다. 어느새 거룩한 삶을 향한 열망이 식어가고 있었다. 자신의 심령이 하나님으로 충만해 있는 것이 아니라 인디언들을 위한 일에 지쳐 있음을 보게 된 것이다.

그런 자신을 보면서 신령한 열정을 회복하기 위해서 기도의 시간을 갖기로 했다. 다시 금식하면서 영적인 생명을 회복하고자 하는 뜨거운 마음이 일어났다. 성령께서 마음을 움직여주심을 느꼈다. 분명 성령의 역사였다. 하나님의 보좌로 나아가고자 하는 소원이 불타올랐다. 영적 전투 현장에서 브레이너드의 생활은 대부분 금식과 기도가 주된 일과였다.

캠퍼스의 추억

8월이 지나면서 무더위가 한풀 꺾였다. 9월이 되자 브레이너드는 학위 수여식 때문에 뉴헤이번에 가야 했다. 그런 일정 때문에 9월 초 그는 카우나우믹을 떠나 곧바로 뉴욕으로 향했다. 말을 타고 떠난 여행길은 평탄하지 않았다. 웬일인지 말馬이 말을 잘 듣지 않았다. 9월이 시작되었는데도 더위를 먹은 것처럼 말은 잘 걸어가지 못했다. 할 수 없이 뉴욕에 도달하기 전에 근교의 예루살렘 목장에서 하룻밤을 보내게 되었다. 그곳에서 하루쯤 쉬면서 말의 상태를 지켜보기로 했다.

다음 날 목장 주인의 도움을 받아 말의 상태를 진단했다. 일단 하루 이틀을 쉬면서 지켜보기로 하고 온종일 말을 쉬게 해주었다. 그 덕분에 브레이너드도 하루를 푹 쉬었다. 이틀 후 브레이너드는 다시 뉴욕으로 향했다. 주일 후 뉴욕에서 3일을 체류한 후 뉴헤이번으로 행했다. 얼마 전에 방문했을 때와 마찬가지로 캠퍼스의 추억은 브레이너드에게 유쾌함을 주지 못했다. 브레이너드가 졸업식에 참석하게 된 동기는 두 가지 이유 때문이었다.

하나는 졸업식 날 학위 취득의 가능성 때문이었다. 당시 뉴어크의 부르 목사는 스코틀랜드의 사회 통신원으로 일하고 있었다. 스코틀랜드 선교협회에서 파송한 브레이너드의 소식을 들은 부르 목사는 대학 당국자에게 편지를 보내서 그의 복학을 서둘렀다. 대학 당국에서는 그 신청서를 받고 여러 차례 회의를 거듭했다. 특히 기독교계에서 명망이 높은 부르 목사의 청원을 무시할 수 없었던 탓인지 졸업식 날짜가 다가왔지만 찬반양론이 팽팽할 뿐 결론을 내리지 못하고 있었다. 그런 와중에서 최종 결정이 나기 전에 부르 목사는 먼 거리를 고려하여 브레이너드를 미리 초청한 것이다.

다른 하나는 결과야 어떻게 되든지 친구들의 학위 수여식에 참석해서 축하해주고 싶은 마음에서였다. 캠퍼스 시절 내내 함께 기도하고 비전을 나누었던 친구들을 만나고 싶기도 했다.

브레이너드는 졸업식 전날까지 학위 취득이 결정될 것으로 기대했었다. 하지만 당국에서는 복학은 허용하지만 금년에 학위 취득은 불가하다는 결정을 내렸다. 최소한 1년을 더 기다려야 한다는 것이었다. 결국 브레이너드는 모든 것을 포기했다. 졸업식 내내 하나님의 뜻을 되뇌이며 아쉬운 마음을 달랬다. 졸업식을 마친 후에 친구들의 졸업을 축하하며 파티를 가졌다. 친구들은 사랑으로 브레이너드를 위로해주었다. 그리고 학교와의 관계를 정리하는 게 낫겠다고 조언해주었다.

브레이너드는 친구들의 조언을 받아들여 이사들과 교구 목사, 그리고 대학 본부에 편지를 썼다. 그것이 자신을 모함하는 사람들에게 구실을 없애는 길이라고 판단했기 때문이었다. 사람들 앞에서 휘틀쎄이 교수님의 강좌가 은혜가 없다고 말한 것을 사과하고 대학 당국과 교수님께 용서를 구하는 글을 썼다. 또 대학의 학장님을 험담했다는 소문에 대해서는, 정확하게 기억나지 않지만 혹시라도 자신으로 인하여 학장님의 명예가 실추되었다면 용서를 빌겠다고 썼다.

브레이너드는 그렇게 편지를 씀으로써 대학 본부나 여러 사람과의 관계를 말끔하게 정리했다. 그리고 자신을 비방하던 사람들이나 모함했던 모든 사람까지 다 용서하기로 다짐했다. 심지어 학위를 취득하는 것조차도 하나님의 뜻이 아니라는 것을 깨닫게 되었다. 그렇게 마음을 비우고 나니, 성령의 위로가 넘쳤다.

3장

인디언을 위해 뿌린 전도의 씨앗

인디언을 위해 일생을 바치다

해가 바뀌어 브레이너드가 26살이 되는 해였다. 카우나우믹에서 처음 맞는 뜻깊은 새해였다. 새해 첫날부터 기도로 한 해를 시작하려는 결심을 하고 이른 새벽부터 깊은 숲 속으로 들어갔다. 살을 에는 듯한 추위였지만 주일 설교를 위해서 더 많은 기도를 드리고 싶었고 더불어 새해를 기도로 준비하고 싶었다. 움막에서 20여 분 떨어진 한적한 숲 속으로 가다가 바람을 막아주는 곳에 자리를 잡았다. 그곳에서 동이 터오를 때까지 한 시간 동안 기도했다.

특별한 날이어서 아침은 금식하기로 했다. 계속해서 두어 시간 동안 열정적으로 부르짖었다. 그렇게 오전 내내 기도하고 난 후 예배 시작 30여 분 전에 예배 처소로 돌아왔다. 새해 첫 주의 예배는 여느 주일보다 은혜와 영광이 가득했다. 스코틀랜드인 6명과 12명의 인디언, 그리고 어린이 8명이 모여서 예배를 드렸다. 성령의 능력이 예배 시간 내내 나타났다. 인디언들은 아직까지 알아듣지 못하는 말이지만 예배의 분위기에 흠뻑 젖어든 모습이었다.

브레이너드가 카우나우믹에서 생활한 지 어느새 1년이 지나갔다. 이제 선교협회와 약속한 1년의 시한이 되어 수습 선교사의 기간을 마칠 때가 되었다. 브레이너드에게는 인디언들과 함께 생활하는 한 해 동안 인디언 선교의 가능성을 긍정적으로 타진한 것이 가장 큰 수확이었다. 지금까지 브레이너드는 수습 선교사로 활동했다. 카우나우믹 생활은 인디언들과 함께 삶을 체험하면서 선교를 구체적으로 준비하는 기간이었던 것이다. 많은 시련이 있었지만 그는 카우나우믹에서 수습 선교사로 생활하는 동안 인디언 선교를 위해 일생을 바치기로 결심했다.

장차 인디언 선교에 어떤 난관이 닥쳐온다 할지라도 능히 감당해야겠다고 다짐하고 있었다. 브레이너드가 수습 선교를 마칠 무렵 롱아일랜드에서 가장 경관이 좋은 지역에 위치한 이스트 햄프턴 교회로부터 초대장이 날아왔다.

교인들이 브레이너드를 담임 교역자로 청빙하기로 만장일치 했다는 통보였다. 몇 주 후에는 스톡브리지로 교인 대표가 직접 찾아와서 가능한 한 최고의 조건을 제시하며 청빙을 위해 힘을 기울였다. 하지만 그들의 수고는 수포로 돌아가고 말았다.

인디언 선교를 위해 헌신하려는 브레이너드의 결심이 조금도 흔들림이 없었기 때문이었다. 브레이너드를 초청하여 설교자로, 혹은 담임목사로 초청하려는 시도는 계속되었다. 하지만 브레이너드는 그런 초청에 응해 사역하는 것보다 인디언에게 복음을 전하며 선교하는 것이 값진 일이라고 판단했다. 어느 곳에서 사역해도 난관은 닥쳐올 것이 분명했다. 그렇다면 1년 동안 숱한 고난을 감수하면서 쌓은 선교의 경험을 살려 계속 사역하는 것이 낫겠다는 생각이 들어 모든 제안을 거절하고 더욱 영광스러운 길을 가기로 다짐했다.

5월이 시작되면서 협회에서 연락이 왔다. 펜실베이니아 주에 있는 델라웨어 강 근처의 인디언 마을로 가라는 것이었다. 협회의 명을 받은 브레이너드는 매우 상기되었다. 저녁에는 협회에서 온 소식지를 들고 헤이담 교회로 갔다. 앞으로 성령께서 인도해달라고 기도할 요량이었다. 늦은 밤 시간까지 부르짖었다. 우선, 건강 때문에 선교의 소명이 식지 않도록 기도했다. 협회의 명을 받들어 델라웨어의 인디언을 위해서 갈 때 성령께서 힘을 주시도록 간구하기도 했다. 그렇게 기도하다가 새벽에야 돌아왔다.

델라웨어로 출발하는 날이었다. 브레이너드는 좀 더 쉬어야 한다는 주변 사람들의 권유도 뿌리친 채 말을 타고 출발했다. 한 시간쯤 갔을 때 비가 내렸다. 말에서 내려 판초의를 쓰고 계속 갔다. 비를 맞으며 선교지를 향해 가고 있는 브레이너드의 모습은 꼭 아브라함이 부름받고 갈 바를 알지 못한 채 나아가는 것과 같았다. 정처 없이 도망 다니다가 광야에서 거처를 정하여 생활했고, 굴에서 숨어 지냈던 다윗을 생각하며 위로받으면서 오전 내내 갔다.

펜실베이니아 주의 델라웨어 강 근처까지 가는 데만도 여러 날이 걸렸다. 거의 200킬로미터 정도 되는 멀고 험한 거리였다. 주일을 제외해도 꼭 10일 이상이 소모되었다. 하루에 여러 시간씩 말을 타고 그렇게 먼 거리를 가는 것은 굉장한 체력을 요하는 일이었다. 더욱이 브레이너드의 약한 체력으로는 대단한 모험이었다. 그럼에도 불구하고 브레이너드는 불타는 정신력과 신념으로 장거리 여행에 서슴지 않고 도전하여 거뜬히 해냈다. 오지의 숲을 가로질러 델라웨어 강 근처까지 도달한 것은 하나님의 은혜였다.

델라웨어 지역 안에 자리 잡은 '시카우워통'이라는 인디언 마을에 도착한 날은 5월 12일이었다. 헤이담을 출발한 지 꼭 12일 만이었다. 시카우워통에서의 보낸 첫 날은 매우 고통스러웠다. 인디언 마을에서 20킬로미터쯤 떨어진 곳에 거주하는 아일랜드계 사람들의 도움으로 조그마한 움막에 거처를 정했다. 브레이너드는 카우나우믹에서 쌓았던 움막 생활 때문에 불편함 없이 첫날밤을 보냈다. 하지만 긴 여정 때문에 그의 옷에는 냄새가 가득 뱄고, 몸은 지칠 대로 지쳐 있었다.

다음 날 아침 통역관인 휜다 화우타우리를 만났다. 그는 마음이 착하고 선했다. 브레이너드는 그에게 '모세'라는 애칭을 지어주었다. 오후에는 모세와 함께 말을 타고 주변을 돌아다니면서 지형을 정찰했다. 매일 5~6킬로미터 떨어진 곳까지 다니면서 마음의 준비를 했다. 아일랜드 주민들을 만나 복음을 전하고, 곳곳의 인디언들에게도 복음을 전했다. 그날 저녁에는 늦게까지 기도하는 시간을 가졌다. 브레이너드는 육신과 마음이 온통 지쳐 있었으나 기도를 통해서 하나님의 위로를 받아 새 힘을 얻었다.

목사 안수

6월에 접어들자 뉴어크Newark에 있는 장로회에서 브레이너드의 안수식이 있을 거라는 통보가 왔다. 브레이너드는 중순에 있을 안수식에 참여하기 위해 델라웨어 지역을 서둘러서 출발했다. 그는 먼 거리를 여행하느라 몸이 몹시 지쳐 있었다. 하지만 점심 후에 곧바로 설교 시험을 치렀다. 장로회에서 시험관으로 나온 목사들 앞에서 사도행전 26장 17~18절을 본문으로 설교했다. 설교할 자격을 얻은 이후에 주일 설교를 해온 것이 큰 경험이 되었다.

설교 시험을 치른 후보생들은 모두 통과되었다. 그리고 시험을 마친 후 곧바로 목사 임직식이 있었다. 브레이너드는 펨버튼 목사의 임직 설교를 들으면서 큰 은혜를 받았다. 설교 후에 안수식이 진행되는 동안 그는 여생을 하나님께 바치겠다고 결심하면서 기도했다.

오, 주님. 주께서 주신 직분을 잘 감당하기를 원합니다. 더욱 큰 능력을 부어주소서. 주님을 위해서 더욱 모든 것을 바치게 하소서.

브레이너드는 목사 안수를 받은 후부터 새로운 출발을 위해서 더욱 기도에 열중했다. 인디언 선교의 열매를 거두기 위해서도 간절히 기도했다. 현실적으로 인디언들이 개종하기란 불가능한 일이었다. 모든 면에서 전도의 열매를 거두기 힘든 상황이었다. 앞을 생각하면 칠흑같이 어두운 밤이 계속될 것이 뻔했다. 거의 소망이 보이지 않았다. 그런 상황 가운데서 성령의 능력이 아니면 모든 것이 불가능했다. 그러기에 브레이너드는 절박하게 성령의 도우심을 구했다. 오후 내내 간절히 기도하다가 저녁쯤 되돌아왔다.

델라웨어 지역에서의 사역은 많은 어려움이 따랐다. 우선, 인디언 말이 카우나우믹에서와 약간 달랐다. 지역마다 방언의 차이가 있어서 처음 접한 사람에게는 매우 혼란스러웠다. 더욱이 시카우워통 지역의 인디언들은 대부분 복음에 대해 극히 무관심했다. 지금까지 3개월 동안 부지런히 복음의 씨앗을 뿌렸지만 세 사람만이 관심을 보일 뿐 전무했다. 그럼에도 불구하고 브레이너드는 생각했다.

평생 뿌려야 할 씨앗인데 세 명의 영혼이 얼마나 감사한가! 천하보다 귀한 영혼을 셋이나 주셨으니….

인디언을 위한 힘겨운 여정이 계속되었다. 매일 5~10킬로미터 정도까지 깊은 산속으로 들어가서 주변의 인디언들을 만나는 일이 일과가 되었다. 복음을 전하는 데 직접적인 효과는 드러나지 않지만 여전히 선물을 전하는 방식으로 인디언들에게 접근해나갔다. 말을 타고 인디언 마을로 갈 때마다 줄곧 마음속으로 하나님의 도움을 구하곤 했다.

주께서 불쌍한 영혼들을 건지소서! 은혜와 능력을 주시어 저들을 감동시켜주소서!

브레이너드로서는 그렇게 기도하는 일 외에는 아무것도 할 수 없었다. 하나님의 도움이 아니고는 한걸음도 갈 수 없는 상황이었다. 수십 킬로미터나 되는 거리를 힘겹게 가서 보면 인디언들은 흥청망청 놀고 있을 뿐 백인들에 대해서는 별 관심을 보이지 않는 경우가 대부분이었다. 추장을 찾아가 주민들과의 만남을 주선해달라고 부탁하기도 했지만 아무런 효과도 없을 때가 한두 번이 아니었다. 그때마다 사탄은 브레이너드에게 찾아와 속삭였다.

하나님은 아무 힘도 없다. 인디언들의 마음이 움직이는 것은 불가능하다. 그동안 백인들이 여러 차례 다녀갔지만 모두 허사였다. 인디언들이 변화되기 전에 네가 먼저 지쳐 쓰러질 것이다! 너는 안돼, 절대 안돼!

사탄은 무자비하게 브레이너드를 몰아붙였다. 사탄의 속삭임에 그는 정신을 차릴 수 없었다. 사탄의 공격에 무참히 무너져버린 듯한 느낌을 받았다. 움막으로 돌아오는 길은 몸이 천근만근이나 된 것 같았다. 온 육체가 지쳐 쓰러질 듯했다. 정신적으로 너무나 고통스럽기도 했다. '하나님은 정말 나를 버리셨을까. 이건 하나님이 함께하지 않는 거야. 난 버러지만도 못해. 쓸모없고 가치가 없어. 주님을 위해서 아무것도 할 수 없으니…'라는 생각이 들었다. '이제 더 이상 안 될 것 같아'라는 절망감이 몰려오기도 했다.

그런 울적한 마음에 말에서 내려 탄식하며 눈물 흘렸다. 그 순간 외로움이 몰려와 견딜 수 없었다. 죽고 싶은 마음이 들 정도였다. 복음을 위해서 선한 일을 제대로 해보지 못한 자신이 원망스러웠다. 그의 입술에서 탄식이 절로 나왔다.

아, 짐승 같은 이 삶이여. 죽음이여, 죽음이여, 그대 나의 좋은 벗이여, 이 사망의 늪에 빠진 나를 구해다오.

그렇게 탄식하고 난 후 늘 기도하던 곳으로 찾아갔다. 깊은 숲 속에 위치한 기도처에서 부르짖고 나니 모든 짐에서 벗어나는 듯했다. 기도 시간은 모든 근심을 잊은 채 주님의 품에 앉게 되어 행복했다. 그날 저녁을 금식하면서 하나님께 부르짖었다. 주님께서 겟세마네에서 간구하신 것처럼 사력을 다해 기도했다. 마귀의 속삭임에서 벗어나는 길은 기도 외에 아무것도 없었다. 사탄을 물리치려면 먼저 그의 정수리를 치는 길밖에 없었다.

계속되는 무리한 일정 때문인지 브레이너드의 몸이 몹시 지쳐 있었다. 얼굴은 병색으로 핏기가 없어질 정도였다. 결국 일정을 중단하고 앓아눕게 되었다. 며칠간 움막에서 고통스럽게 보낼 수밖에 없었다. 육신이 힘들고 지쳐 있지만 브레이너드의 마음은 단 한 가지에 집중되어 있었다. 시간을 낭비하는 것 같은 생각 때문이었다. 심신의 힘을 더 나은 목적을 위해 사용하지 못한 것이 안타까울 뿐이었다. 움막에 누워 고통스럽게 호소했다.

오, 주님. 일어날 힘을 주소서. 저의 비참한 모습을 보시고 일으켜주소서. 저의 서글픈 형편을 불쌍히 여기소서.

죽음의 강가에서

계절이 변해 가을이 오자 브레이너드에게도 새로운 변화가 생겼다. 인디언 선교를 위해서 구체적으로 준비해온 바이램이 도착한 것이다. 브레이너드가 수습 선교사로서 카우나우믹에서 사역할 무렵 뉴헤이번을 방문했을 때 바이램을 만난 적이 있었다. 그는 장차 동역자가 되고 싶다고 하면서 브레이너드에게 기도를 부탁했다. 그 후 브레이너드는 바이램과 연결되기를 기다리면서 기도해왔다. 그는 어렸을 때부터 선교를 준비해온 헌신된 일꾼이었다. 인디언 말을 오랫동안 공부해왔기 때문에 통역에는 손색이 없었다. 두 사람은 의기투합하여 헌신을 다짐했다.

바이램이 온 후 인디언 추장과도 사귀게 되었다. 10월이 되자 바이램과 추장 두 사람과 함께 120킬로미터쯤 떨어진 곳을 방문했다. 황무지를 가로질러 온종일 갔지만 끝이 없었다. 보이는 것이라곤 험악한 산과 깊은 계곡, 거친 바위뿐이었다. 그렇지만 복음을 들고 가는 발걸음은 복되고 성령충만했다. 해가 저물어갈 무렵에 브레이너드가 탄 말이 돌에 걸려 넘어져 다리가 부러지고 말았다. 인가에 도달하려면 앞으로도 30킬로미터쯤 가야 하기 때문에 눈물을 머금고 말을 죽여야만 했다. 어둠이 깔려오자 더 이상 갈 수 없어 노상에서 긴급하게 거처를 만들었다.

3일 동안 힘든 여정이 계속 이어졌다. 밤에는 숲 속에서 자고 낮에는 부지런히 걸었다. 바이램과 번갈아가면서 말을 타고 갔지만 브레이너드의 몸은 곧 지쳐 쓰러질 듯했다. 추장 둘은 끄떡없이 그들을 안내했다. 서스쿼해나 강변에 있는 오퍼할하우풍에 이르렀을 때 브레이너드와 바이램은 서로 껴안고 기뻐했다. 추장들도 함께 기뻐했다. 그곳에 사는 인디언들은 열두 가정이었다. 일행 중 한 추장이 그곳의 추장에게 브레이너드와 바이램을 소개했다. 이어서 그 추장의 안내로 브레이너드는 인디언에게 복음을 힘 있게 전했다.

며칠 동안 힘 있게 복음을 전한 후 델라웨어 지역의 시카우워통으로 돌아가기 위해 길을 나섰다. 새벽 4시에 일어나 기도하고 나서 5시에 오퍼할하우풍을 출발했다. 온종일 강행군을 했다. 밤이 되자 움푹 팬 곳에 자리를 만들어 불을 피우고 몸을 녹였다. 10월이었지만 산속의 차가운 기운이 맴돌아 몸에 냉기가 가득했다. 사방에서 짐승들의 울음소리가 요란하게 들려왔다. 브레이너드는 자리에 앉자마자 짐승의 위험으로부터 보호해달라고 기도했다. 그러자 추장들은 거처를 돌면서 우상에게 제사할 때 사용하는 주문을 한동안 외우면서 짐승들을 내쫓으려고 했다.

그때 바이램이 추장들에게 그런 주문을 그치라고 부탁했다. 사나운 맹수들로부터 우리를 지켜주시는 분은 주문이 아니라 하나님이라고 담대하게 말했다. 잠시 후에 사나운 맹수들의 울음소리가 그쳤고, 짐승들이 하나둘씩 어디론가 사라져 버렸다. 하나님께서 영광의 빛으로 브레이너드 일행을 둘러 비춰주셨다. 주의 손으로 그들을 보호해주신 것이다. 추장 둘은 짐승들이 울부짖다가 순수하게 물러서는 것을 보고 신기하게 생각했다. 그런 광경을 보고 자기들도 앞으로 같은 부족 인디언들과 상의해서 복음을 받아들이겠노라고 했다.

브레이너드 일행이 시카우워통을 떠난 지 10여 일 만에 다시 돌아왔다. 추장들은 인디언들을 모아놓고 자기들이 직접 목격한 장면을 이야기했다. 자기들이 동행하고 갔다 온 백인들은 사나운 짐승도 함부로 하지 못하더라는 것을 말했다. 서스쿼해나 지역의 인디언들도 자발적으로 성경 이야기를 많이 듣더라고 말하자 대부분의 인디언이 백인들로부터 성경 이야기를 듣고 싶어 했다. 그렇게 해서 추장들의 안내로 다음 주일에 50여 명이 모여서 예배를 드렸다. 주일을 앞두고 브레이너드는 기도처로 갔다. 다음 날 설교를 위해서 그는 온종일 모든 어려움을 이겨낼 힘을 달라고 하나님께 부르짖었다.

다음 해 3월이 되어 한 달가량 뉴저지를 다시 방문하게 되었다. 지난 2년 동안 브레이너드는 너무나 외롭고 힘들게 선교 사역을 감당해왔다. 이제는 지난 두 해의 경험을 바탕으로 새로운 전략과 계획을 세워야 할 필요성을 느끼게 된 것이다. 앞으로 선교 전략에 대해서 협회와도 진지하게 논의하고, 몇 사람의 목사와도 상의하려는 계획을 세웠다. 며칠 동안의 긴 여행을 하나님께서 지켜주셨다. 뉴저지의 여러 지방을 방문하면서 목사들과 만나 교제를 나눴다. 그들과 인디언 선교 비전을 나누고, 효과적인 인디언 선교에 대해서도 논의했다. 여행의 마지막 주일에는 코네티컷 지역의 교회를 돌아보면서 노샘프턴 교회를 방문했다.

5월 중순에 이르러서 브레이너드는 서스쿼해나로 선교 여행을 떠났다. 그는 통역관과 함께 긴 황야길을 횡단했다. 일정은 어느 때보다도 힘들었다. 가다가 인가를 찾지 못하여 숲 속에서 하룻밤을 보내야 했다. 서스쿼해나 지역에 도착해서 많은 부족을 찾아가서 복음을 전했다. 강을 따라 사는 인디언들 틈에서 매일 복음을 전했다. 그러나 적당한 거처가 없어서 땅바닥에서 짚을 깔고 자야 했다. 날마다 고생이 너무 심했다. 정신적으로도 지쳐 있었다.

그렇게 무리한 나머지 브레이너드는 중병을 얻고 말았

다. 온몸에서 열이 나고, 내장이 뒤틀리고 꼬여 엎드려 있을 수도 없었다. 심한 두통도 있었다. 대변에서는 피가 섞여 나올 정도였다. 바이램도 브레이너드에게 필경 무슨 질병이 생겼다고 생각했다. 무언가 대책을 세우지 않으면 위험하다는 생각이 들었다. 불행 중 다행으로 비센타우 베베라우라는 인디언의 도움으로 쉴 움막이 제공되었다. 당장 치료할 약도 없고, 적당한 음식도 없었다. 겨우 옥수수 죽과 나무 열매들로 목숨을 부지하고 있었다.

브레이너드가 거의 죽어가자 인디언들이 약초를 구해 와서 머리에 발라주고, 갖가지 동정심을 베풀어주었다. 다급한 나머지 바이램은 금식하며 하나님의 도움을 구했다. 바이램은 마치 자기 목숨을 살려달라는 것처럼 부르짖으며 눈물로 간구했다. 모든 것을 하나님께 맡기고 브레이너드가 일어나기만을 기다렸다. 바이램과 비센타우의 극진한 간호로 일주일이 지나자 브레이너드는 힘을 얻기 시작했다. 바이램은 인디언들에게 하나님께서 브레이너드의 생명을 건져주셨다고 증거했다.

4장

하나님의 선한 역사가 계속되다

사도행전의 부흥처럼

브레이너드는 몸이 많이 쇠약해졌으나 영적으로는 매우 충천되어 있었다. 복된 소식을 듣고자 갈망하는 불쌍한 영혼들을 보면서 매일 상기되었다. 수킬로미터, 혹은 수십 킬로미터를 가서 복음을 전할 때마다 인디언들은 매우 진지했고 열심히 모임에 참석했다. 더 나아가 모임에 참석하는 인디언들이 늘어났다. 어느 곳에서는 멀리 몇 킬로미터를 걸어서 오는 인디언도 있었다. 또 다른 곳에서는 아예 공동으로 집회 장소를 만들었다. 브레이너드의 말씀을 듣기 위해서 그의 숙소 근처로 공동으로 이주하는 사람들도 있었다. 한곳에서 며칠씩, 혹은 몇 주일씩 머무르면서 말씀을 가르칠 때 놀라운 변화가 일어났다.

델라웨어 지역에서도 하루에 두 차례씩 복음을 전파했다. 그곳에서도 여전히 성령께서 일하고 계셨다. 그래서 이전에 보여주었던 것과는 달리 모인 인디언들이 복음에 관심을 보이기 시작했다. 뉴저지의 크로스윅성 Crossweeksung으로 돌아가는 길은 험하고 거칠었다. 하지만 브레이너드의 마음은 기쁨으로 가득했다. 다시 성령께서 일하시는 모습을 하루라도 빨리 보고 싶은 기대감 때문이었다. 그곳의 인디언들은 놀랄 만큼 말씀에 관심을 갖고 있었다.

주말에는 기도하는 시간을 갖기 위해서 깊은 숲 속으로 들어갔다. 하나님의 능력으로 무장하지 않으면 사역을 감당할 수 없었기 때문이었다. 주일에는 어른과 어린이를 합하여 50여 명이 모였다. 그들 중에서 영어를 아는 몇 사람은 진지하게 말씀을 들었다. 다른 사람들도 예배가 끝날 무렵에는 눈에 띄게 변화되는 모습이 역력했다. 점심시간에는 브레이너드의 식사 기도를 기다릴 정도였다. 식사 기도를 하는데도 몇 사람은 눈물을 흘렸다. 다른 몇 사람은 지난날 우상을 숭배하며 살았던 이야기를 하다가 눈물을 쏟아내기도 했다. 모든 모임이 마치 보이지 않는 손길에 의해서 이끌리고 있는 느낌이었다.

하나님의 손길이 아니면 그런 변화는 상상할 수 없었다. 주일예배를 마치고 오후에는 옆 마을로 가서 집회를 가졌다. 그곳에서 몇 번씩 복음을 들었던 한 여인이 그제야 복음을 깨달았다. 예배 후에 브레이너드에게 자신의 과거를 고백하면서 눈물을 흘렸다. 남편과 사별한 후에 다른 남자들과 은밀한 죄 가운데 있었던 것을 회개했다. 그리스도의 구원이 자신과 같은 죄인에게도 임하게 되어 감격하면서 주님을 영접했다. 브레이너드는 사마리아 여인에 대해 이야기하면서 위로해주었다.

다음 날에는 오전에 두 시간가량 말을 타고 이웃 마을로 갔다. 인디언 55명이 모여 기다리고 있었다. 그중에 40명 정도는 진지한 모습으로 말씀을 갈망하는 듯했다. 상당수가 말씀을 들으면서 눈물을 흘리고 탄식하면서 흐느껴 울었다. 마을의 대표로 보이는 사람이 오후에 다시 모이자고 제안하여 2시쯤 다시 집회를 가졌다. 오후에는 하나님의 사랑에 대해서 간단하게 말씀을 전했다. 모두 집중해서 말씀을 잘 듣는 것 같았다. 설교가 끝나갈 때도 별다른 반응 없이 평이하게 은혜를 받는 듯했다.

그러다가 놀라운 성령의 역사가 일어났다. 무리 가운데서 엄청난 일이 벌어진 것이다. 45명 중에 4명만 눈물을 억제하고 나머지는 통곡하기 시작했다. 마치 사도행전의 한 장면을 보는 것 같았다. 기도 시간에는 죄를 회개하면서 자복했다. 브레이너드는 신기한 현상을 목격하고 주님의 사랑을 계속해서 증거했다. 예배를 마칠 수 없을 만큼 영적 분위기가 고조되었다. 브레이너드는 계속해서 로마서 8장을 설명했다. 죄인들을 위해 고난당하도록 아들을 내주신 하나님의 사랑이 얼마나 큰지 증거했다. 집회 시간 내내 주님의 강한 손길이 임한 것을 보고 브레이너드는 감격했다.

브레이너드가 힘써 행한 지난 2년 사이에 거둔 결실에 비하면 단 몇 주일 사이의 결실들은 상상할 수 없을 정도였다. 날마다 개종하는 영혼들이 셀 수 없이 생겨났다. 놀라운 성령의 능력이 인디언 마을을 뒤집어놓았다. 브레이너드는 곰곰이 생각했다. '지금까지 하나님께서는 왜 그렇게 침묵하셨을까? 황무지같이 척박한 인디언 땅에서 그렇게 긴 시간 동안 왜 아무 말씀도 없이 기다려오셨을까? 왜 몸이 쇠약해지기까지 내버려두시며 그처럼 오래 기다리셨을까?' 그런 생각에 몰두하면서 브레이너드는 오랜만에 기도의 시간을 가졌다. 더욱 큰 은혜를 사모하면서 하루 동안 금식하기로 했다.

다음 날에는 얼마 전에 집회했던 마을을 찾아갔다. 추장은 만나자마자 굉장한 사실을 말해주었다. 지난번 브레이너드가 돌아간 이후 전체 회의를 통해서 마을 입구에 있는 우상의 제단을 무너뜨렸다는 것이다. 대부분의 인디언은 다시 한 번 백인이 와서 복음을 전해줄 것을 갈망하고 있다고 했다. 브레이너드도 믿어지지 않을 정도였다. 오후에 남녀노소를 합하여 70명가량 모였다. 집회가 시작되자마자 곧바로 뜨거운 열기가 피어났다. 말씀을 듣던 인디언들이 흐느끼며 울기 시작했다.

설교가 끝났는데도 인디언들은 돌아갈 줄 모르고 기도했다. 어떤 인디언들은 과거의 삶을 청산하고 새롭게 살아가겠다고 부르짖기도 했다. 어느새 그들은 진정한 기독교인의 삶으로 변화되어 있었다. 성령의 능력이 아니었다면 잠시 감정적인 변화로 그쳤을 것이다. 브레이너드는 몇 사람의 사례를 보면서 그들이 복음을 듣고 단순하게 감정이 복받쳐 울거나 분위기에 휘말리는 상태가 아닌 것이 분명하다고 생각했다. 놀라우신 성령의 능력으로 그들의 삶이 하나씩 변화되고 있었던 것이다. 하나님께서 인디언의 구원을 위해 모든 사역을 이끌어가고 계셨다.

다시 델라웨어 지역으로 가기 위해서 150킬로미터 정도의 거리를 여행했다. 매일 온몸이 쑤시고 아팠지만 성령의 역사를 그치게 할 수 없었다. 완고한 그들에게도 복음의 능력이 절실했기에 브레이너드는 머나먼 길을 떠났다. 사흘 동안 덮을 것도 없이 노상에서 잠을 자야 했다. 며칠 후 브레이너드는 델라웨어 지역에 도착했다. 이번에는 그동안 한 번도 가보지 않은 샤모킨Shamokin이라 불리는 서스쿼해나 지역에 자리를 잡았다. 도착한 첫날 몸이 파김치가 되어 움막 안에서 누워 있었는데 온종일 춤과 노래, 술로 보내면서 환영식을 했다.

그런 모습들을 볼 때 브레이너드는 무지하고 불쌍한 마음이 일어나 그대로 누워 있을 수 없었다. 곧바로 움막에서 일어나 앉은 채로 그들의 영혼에도 광명의 빛을 비춰 주시도록 기도했다.

오, 주여. 지금까지 성령께서 일해주신 것처럼 이곳에서도 능력으로 일해주소서. 자비를 베푸소서.

인디언들은 어림잡아 300명쯤 된다고 했다. 그들은 대부분 술주정뱅이였다. 절반가량은 델라웨어족이었고, 나머지는 세네카족이었다. 다음 날 브레이너드는 델라웨어족의 추장을 만났다.

오후에는 큰 역사가 있었다. 한 사람이 먼저 자신의 비참함에 대해 흐느끼기 시작하더니 나중에는 모두 통곡하며 눈물 바다를 이루었다. 놀라운 일들이 계속되고 있었다. 저녁쯤에 추장과 함께 10여 명의 인디언이 움막으로 찾아왔다. 추장은 브레이너드에게 자신들과 함께 그곳에서 살면서 추장이 되어달라고 진지하게 부탁했다. 인디언들은 브레이너드를 신의 능력을 소유한 사람으로 인정했던 것이다. 백인에게 추장의 자리를 넘겨준다는 것은 불가능한 것이었다.

하지만 마을에서 영향력 있는 사람들도 추장의 제안에 동의하고 브레이너드를 찾아왔다. 그는 인디언들이 복음을 통해서 구원의 축복을 받은 후에 변화된 삶을 살아가면 누가 추장이 되어도 행복한 생활을 이어갈 수 있다고 설득했다. 그리고 자신에게 신적인 능력이 있는 것도 아니라는 것을 설명했다. 모든 것은 하나님께서 하시는 일이라고 말했다. 바울이 복음의 능력을 증거할 때 사람들이 그를 신으로 섬기려고 했다는 성경의 이야기도 들려주었다. 언제나 모든 영광은 하나님께서 받아야 한다고 가르쳐줬다.

모든 것을 포기할 때

며칠 뒤 브레이너드는 인디언들에게, 형편이 허용되는 사람들은 크로스윅성에 함께 가자고 초청했다. 그곳에서 얼마나 큰 역사가 일어났는지 보여주고 싶어서였다. 그랬더니 12명의 인디언들이 기꺼이 초대에 응해서 함께 크로스윅성으로 갔다. 그런데 그중 5명은 여러 가지 여건이 어려웠다. 나이가 너무 많아서 여행이 힘들거나 어려서 감당하기가 곤란했다. 몸이 너무 허약한 사람 등을 제외하고 7명이 함께 여행을 강행했다.

크로스윅성의 인디언들은 놀라울 정도로 복음을 잘 받아들였다. 사흘간의 긴 여행으로 크로스윅성에 도착하자 그들이 따뜻하게 맞이해주었다. 그렇게 따뜻하게 반겨주는 모습부터 델라웨어 지역 사람들과는 많이 달랐다. 동행한 인디언들은 그런 분위기를 단번에 감지했다. 브레이너드가 인디언들과 얼마나 친근하게 지냈는지 처음부터 알아차렸다. 다음 날 오후에 요한복음 10장을 붙들고 말씀을 전했다. 많은 사람이 말씀에 깊이 빠져 들어갔다.

크로스윅성의 인디언들은 델라웨어 지역의 인디언들과 판이하게 달랐다. 델라웨어 지역의 인디언 중에는 예배를 방해하는 사람들이 있었다. 술주정뱅이도 있었다. 요술쟁이를 신격화해서 숭배하는 사람도 있었다. 우상을 숭배하는 사람들도 곳곳에 있었다. 그렇다 보니 제대로 집회를 열 수 없었다. 그러나 이곳 인디언들은 사뭇 달랐다. 말씀을 자발적으로 듣기 위해서 모이는 일에 서로 힘을 쏟았다. 집회가 끝나면 자기들끼리 계속 기도하곤 했다. 예배드릴 때는 늘 생동감이 넘쳤다.

그들은 몇 주 동안 머무르면서 큰 은혜를 체험한 뒤 델라웨어 지역으로 되돌아갔다. 브레이너드는 그렇게 괄목할 만한 역사를 협회에 다음과 같이 보고했다.

최근 인디언 선교 중에 일어난 일들을 보고하려고 합니

다. 특히 하나님께서 인디언들 가운데서 그처럼 놀라운 역사를 일으키신 분명한 시점이 있었음을 말씀드리고 싶습니다. 그것은 저의 힘이 한계에 도달했을 때였다고 생각합니다. 그 이전까지는 그들에게 복음이 전파될 만한 어떤 전망이나 희망도 보이지 않았습니다. 인디언들은 거칠었고, 복음을 받아들일 만한 마음도 전혀 보이지 않았습니다. 게다가 저의 건강도 굉장히 쇠약해졌습니다. 밤낮으로 계속되었던 긴 여행으로 인하여 몸이 지칠 대로 지쳐 있었습니다. 각 곳에 흩어진 인디언들을 찾아다니면서 그들을 만나는 일로 마음과 육체가 극도로 피곤한 상태였습니다. 그런 상황에서 선교를 계속한다는 것은 불가능해 보였습니다. 그런 현실 때문에 저는 절망 가운데 있었습니다.

모든 정황을 생각해볼 때 주님께서 저를 인디언 선교의 도구로 사용하시는 것 같지 않았습니다. 그럴 바에 모든 것을 포기해야겠다고 생각하고 있었습니다. 그래서 금년만 하고 모든 사역을 그만두려고 마음을 굳혔습니다. 인디언 선교가 힘들고 번거로워서가 아니라 다른 분야의 사역을 한다면 훨씬 자유롭고 효과적으로 일할 수 있다는 계산 때문이었습니다. 저 스스로 생각하기를 선교의 열매를 맺지 못하면서 선교비만 축내는 것 같아 실망이 이만저만이 아니었습니다. 지금까지 나름대로 최선을 다해 복음을 전했지만 성령께서는 저의 선교 사역에 함께하시는 것 같지 않았습니다.

그 후 곧바로 모든 것을 포기한 채 크로스윅성에 사는 인디언들을 방문했습니다. 실은 그때도 사역의 열매를 기대하지는 않았습니다. 마음이 너무나 상해 있었고, 깊은 절망에 빠져 있었습니다. 그런데 그때가 하나님께서 일하시기에 가장 합당한 때였나 봅니다. 저도 믿기 어려울 정도로 놀라운 일이 일어났습니다. 인간적인 희망이 산산조각이 나버렸을 때 전능하신 주님께서 역사하셨습니다. 저는 때가 차니까 하나님께서 인디언의 영혼을 부르셨다고 봅니다. 그들에게 복음을 들려주시기 위해서 사방에서 인디언을 불러 모으신 겁니다. 그들의 마음도 움직여주셨습니다. 저는 예전처럼 단순하게 복음을 증거할 뿐이었습니다. 그들을 찾아가서 전에 하던 대로 말씀을 들려줄 뿐이었습니다. 그때마다 하나님은 친히 그 자리에 함께하여 주셨습니다. 참으로 놀라운 일이 일어난 겁니다.

그 후부터 각 곳을 방문할 때 기적이 일어났습니다. 처음에 저도 눈과 귀를 의심할 정도였습니다. 평이하게 말씀을 전하는데도 그런 역사가 일어난 것을 보고 무척 놀랐습니다. 인디언들은 모일 때마다 회개하고, 눈물로 부르짖었습니다. 그때부터 개종하는 사람들이 늘어났습니다. 술을 끊고, 우상 숭배의 관습을 끊기도 했습니다. 그동안 집회를 방해하던 사람들도 변화를 받았습니다. 더욱이 시기적절하게 통역관들을 세워주셔서 복음을 효과적으로 전할 수 있게 해주셨습니다. 사실 전에는 통역 때문에 문제가 컸습니다. 그들이 개종하지 않음으로 복음이 제대로 증거되지 못했습니다. 그런데 통역관들이 개종하게 되어 복음을 원활하게 증거할 수 있게 된 것입니다.

주님의 능력이 함께하지 않았다면 제가 평생 일해도 그

만큼 결실을 맺을 수 없었을 겁니다. 아무리 뛰어난 재능을 발휘했더라도 마찬가지였을 겁니다. 성령께서 역사하심으로 제가 방문한 곳마다 우상이 꼬리를 감추게 되었습니다. 심지어 결혼식까지도 기독교식으로 거행할 정도입니다. 대부분의 인디언이 과거에는 술과 우상을 숭배하는 데 썼던 돈을 이제 선한 일에 쓰려고 힘쓰고 있습니다. 그들도 하나님을 위해서 살려고 헌신한 이후 기도에 힘쓰고 있습니다.

지금까지 제가 인디언 마을을 방문하면서 다닌 거리는 거의 5천 킬로미터쯤 된 것 같습니다. 앞으로도 얼마나 더 먼 거리를 오가야 할지 모릅니다. … 인디언 선교에 하나님의 선하신 역사가 계속 이어지기를 기도해주십시오.

인디언 학교가 설립되다

다음 해 2월이 되면서 그동안 설립을 준비해온 학교를 위해서 일할 킹 선생이 마을에 왔다. 그는 교직에 있다가 인디언들을 위해서 헌신하기로 한 사람이었다. 선교협회에서는 브레이너드가 카우나우믹에서부터 요청한 학교 설립을 허락했지만 적절한 후원자와 담당자가 나오지 않아 여태까지 기다리고 있었다. 그러다가 이번에 모든 준비가 완료되어 일차적으로 그곳에 학교를 설립하게 된 것이다. 킹 선생은 학교 교장으로서 의욕적으로 일하기 시작했다.

브레이너드에게도 큰 힘이 되었다. 우선, 예배 처소로 사용하던 공간에서 브레이너드와 킹 선생이 함께 가르치기 시작했다. 주간에 30여 명가량의 어린이와 젊은이에게 말씀과 영어를 가르쳤고, 저녁에는 20여 명의 어른을 대상으로 가르쳤다. 특히 어린이들이 굉장한 열의를 가지고 공부에 임했다. 그들이 영어를 배우는 속도는 놀랄 정도였다. 몇 명을 제외하고는 공부를 시작한 지 사흘 만에 영어 알파벳을 익혔다. 그 후로 5개월 정도 공부한 결과 신약과 시편을 읽을 만큼 빠른 속도로 공부에 전력했다. 교리를 공부할 때도 열의가 대단했다. 어떤 학생들은 교리를 통째로 외워 버리기도 했다.

브레이너드가 복음을 전할 때 여전히 놀라운 성령의 역사들이 일어났다. 한 사람은 얼마 전까지 술주정뱅이였는데 브레이너드가 처음 그 마을을 방문했을 때 심령이 깨어졌다. 그 후 말씀을 갈망하면서 집회 때마다 참회하며 은혜를 받았다. 그 술주정뱅이는 하나님의 손길에 붙들림을 체험하고 주님의 능력이 아니면 지옥에 갈 것이 분명하다고 떨면서 간증했다. 매일 저녁에 교리 문답으로 복음을 체계적으로 가르칠 때 대부분의 인디언이 큰 감화를 받았다. 성령의 능력으로 인디언들의 교리적인 지식뿐만 아니라 체험적인 신앙이 날마다 성장하고 있다는 점이 무척 고무적이었다.

크로스윅성 지역 인디언들은 다른 지역 인디언들과는 다른 면이 있었다. 우선 그들은 마음이 선량했다. 그래서인지 백인들에 대한 태도와 자세가 달랐다. 사람들의 기질도 온순한 편이어서 복음을 쉽게 받아들였다. 복음을 들은 이후부터 그들에게는 흑암에서 벗어나고 싶은 소망이 간절했다. 각 가정별로 심방하면서 교리를 가르칠 때도 은혜가 넘쳤다. 말씀을 들을 때마다 눈물을 보지 않은 때가 없을 정도였다. 간혹 신기할 정도로 냉랭한 때도 몇 차례 있었지만 대부분 성령의 능력이 강력하게 임했다. 그들은 집회 때마다 모이기를 힘썼고, 말씀에 귀를 기울였다.

마치 초대 교회에서 일어난 성령의 현장을 직접 목격하는 듯했다. 처음에는 브레이너드조차 눈과 귀를 의심하면서 생생한 역사들에 놀랄 뿐이었다. 하나님께서는 브레이너드를 도구로 사용하셨고, 때가 이르매 놀라운 방법으로 그곳을 복음화하셨다. 그 결과 주변에 사는 대다수의 인디언이 복음을 영접하고 자체적으로 교회를 세울 준비까지 했다.

반면에 델라웨어 지역의 인디언들은 전혀 달랐다. 그들은 거칠고 난폭했다. 백인들에 대한 적개심도 컸다. 그런 이유 때문인지 좀처럼 복음을 받아들이는 분위기가 아니었다. 브레이너드가 그 지역에서 많은 공을 들였지만 복음을 쉽게 받아들이지 않았다. 크로스윅성에서보다 더 많은 땀을 흘리고 더 많은 수고를 했지만 개종자는 손에 꼽을 지경이었다. 그들에게는 집회 때 모이는 것과 복음을 영접하는 것은 전혀 다른 것이었다.

브레이너드가 주민들과 가까워졌지만 그들은 복음을 듣고 마음을 여는 데 언제나 인색했다. 늘 복음보다는 술과 우상이 주된 관심사였다. 마술하는 사람이 마을 사람들에게 영향력을 행사하고 있는 것도 복음을 쉽게 받아들이지 않는 요인 중의 하나였다. 대부분의 사람에게 우상숭배를 하지 않으면 화를 당할지도 모른다는 불안과 두려움이 가득했다. 그 지역은 모든 면에서 너무나 척박했다. 브레이너드는 하나님의 역사만 기다릴 뿐 어떻게 할 도리가 없었다.

부흥, 하나님의 절대적인 주권으로

부활절 이후부터 인디언 마을에 새로운 변화가 일어나기 시작했다. 진리를 깨우친 사람들이 이교도의 생활에서 벗어나기 시작한 것이다. 얼마 전 델라웨어 지역을 방문했던 한 사람은 우상을 숭배하던 제단을 허물어버렸다. 다른 사람은 집안을 지켜준다고 믿고 걸어두었던 짐승의 뿔들을 내다 버리기도 했다. 브레이너드가 그곳에 온 이후로 130명 정도가 복음을 영접했다. 그들은 정기적으로 모임에 참석하면서 믿음을 키워온 사람들이었다. 아직도 부족한 점이 많지만 모임에 꾸준히 참여할 정도로 믿음이 자랐다.

브레이너드는, 하나님의 자녀들은 열심히 일해야 된다고 가르쳤다. 다른 사람과 공공의 유익을 위해서 일하는 것이 얼마나 귀한 것인지도 노동을 통해 보여주었다. 낮에는 힘써 일하다가 저녁에는 집회를 가졌다. 새로 단장된 장소에서 드리는 집회에 주님의 은혜가 더욱 넘치는 것 같았다. 인디언들도 자기들이 애써 단장해놓은 장소에서 모이게 되어 뿌듯함을 느꼈다. 주일에는 모든 일을 중단하고 예배를 드렸고 오후에는 집회를 가졌다.

오전예배에 마태복음 7장을 붙들고 말씀을 전했다. 새롭게 단장된 예배 처소에 네 사람이 새로 참석했다. 말씀을 들을 때 처음 나온 사람들이 진리를 깨우쳤다. 나머지 70여 명의 인디언이 모두 큰 은혜를 체험했다. 말씀이 끝나기 전에 상당수 사람의 눈에 눈물이 글썽거렸다. 그것은 억지로 흘리는 눈물이나 가식적인 눈물이 아니었다. 자신들이 하나님의 뜻을 이룰 수 없다는 탄식의 눈물이었다.

크랜베리로의 이주가 시작된 지 한 달쯤 지나자 거처가 완성되었다. 브레이너드의 거처가 완성되기 전까지는 매일 다니면서 집회를 가졌다. 하지만 그런 불편함에도 불구하고 하숙집 주변의 인디언 마을을 찾아다니면서 복음을 전할 수 있는 기회가 주어져서 감사했다. 이주를 마친 인디언들은 새로운 보금자리가 생겨서 모두 행복한 분위기였다. 더욱이 집회 처소도 새롭게 마련되어 신앙생활에 탄력을 받기도 했다. 교육 여건뿐만 아니라, 모든 여건이 전보다 좋았다. 이주를 마친 주민들을 위해서 집회가 열렸다.

주변의 여러 마을에서도 초청되어 여러 사람이 찾아왔다. 첫날 집회 후 계속해서 집회가 이어졌다. 매일 집회를 가졌고, 길거리나 집집마다 방문하는 일도 계속 이어졌다. 집회를 마치고 말을 타고 숙소로 돌아가는 브레이너드의 모습은 필경 광야의 선지자였다. 그는 허허벌판에서도 인디언들만 만나면 그 자리에서 복음을 전했다. 사방에 다니지 않는 곳이 없을 정도로 곳곳에서 말씀을 선포했다. 그의 사역이 인디언 세계에 얼마나 확장되었는지 모른다.

지난 1년간 인디언 마을에 드러난 성령의 역사는 전적으로 하나님의 비상한 도우심이었다. 특별하게 나타난 부흥의 현상들은 절대적인 하나님의 주권에 의한 것들이었다. 더욱이 브레이너드가 전한 복음의 핵심은 늘 십자가와 그리스도였다. 그는 인간은 죄인이며, 비참한 가운데 있다는 것을 항상 증거했다. 언제나 백인, 흑인, 인디언을 막론

하고 인간 스스로는 구원에 이를 수 없다는 것을 가르쳤다. 인간을 죄의 수렁에서 구원해주실 분은 하나님이시요, 그리스도의 십자가의 은총뿐이라는 것을 강조했다.

특히 인디언들에게 나타난 놀라운 성령의 역사는 도덕적으로 그들이 변화되었다는 점이다. 그들은 복음을 듣고 나서 특별한 은혜를 체험한 후 놀랍게 달라졌다. 브레이너드가 전했던 것은 하나님의 말씀뿐이었다. 특별히 도덕적인 변화를 촉구한 것도 아니었다. 순수하게 말씀을 풀어서 전할 뿐이었다. 그런데도 말씀이 잔잔하게 선포될 때 성령이 역사하셨다. 그 말씀이 인디언들의 마음을 감동시켰다. 말씀의 능력이 그들에게 임하자 회개의 역사가 일어났다. 복음이 바로 선포되고 진리의 말씀이 그들의 양심을 파고들어가서 죄악의 뿌리를 뽑게 된 것이다.

뼈가 부서지는 순간까지

그 지역에 복음의 역사가 계속 이어지자 브레이너드는 서스쿼해나에 가서 복음을 전할 계획을 세웠다. 우선 집회 참석자들에게 선교 여행에 대한 계획을 이야기했다. 그들도 이번 여행을 위해 기도하도록 하기 위함이었다. 이제 인디언들도 다른 사람을 위해서 기도할 만큼 영적으로 성장하고 있었기 때문이었다. 무더위 때문인지 브레이너드에게 우울 증세가 찾아왔다. 온종일 마음이 울적하고 낙심했다. 아무런 이유없이 불안했다. 다만 모든 삶을 그치고 하나님 품에 안겼으면 하는 생각뿐이었다.

이틀 정도 그렇게 정신적인 고통을 안고 지냈다. 육신의 피로보다 더욱 힘들게 하는 정신적인 싸움이었다. 의욕도 상실하고 만사가 귀찮아졌다. 영적으로도 곤두박질 하는 듯한 느낌이 들었다. 그렇게 3일쯤 지났을 때, 브레이너드는 우울 증세로부터 해방되기 위해서 필사적인 노력을 다했다. 독서에 치중해보기도 하고, 몇 시간이고 글을 써보기도 했다. 깊은 숲 속으로 들어가 목청껏 찬송을 부르기도 하고, 성경책을 소리 내어 읽어보기도 했다. 어떤 때는 아무런 생각 없이 혼자 몇 시간이고 산책을 하기도 했다. 그런 식으로 5일 정도 보내다가 결국 우울 증세에서 벗어났다. 마음도 평안해졌다.

서스퀴해나로 출발하기 전날 주민들과 함께 기도로 보냈다. 여행길 동안 지켜주시도록 기도했다. 성령으로 무장해서, 아직까지 황무지에 사는 인디언들에게 감동을 주시도록 간구하기도 했다. 모여 있는 사람들에게 말씀을 선포할 때 브레이너드의 마음이 뜨거워졌다. 사도행전 4장 31절의 말씀이 선포되자 모두 심령이 녹아버린 느낌이었다. 온 회중이 성령충만한 것 같았다. 오후에도 집회가 계속 이어졌다. 성령의 역사도 그치지 않았다. 마치 하나님의 특별하신 계획이 있는 것처럼 느껴졌다.

인디언들은 브레이너드에게 도움을 줄 만한 세 사람을

선정했다. 다음 날 이른 아침에 그들과 함께 서스쿼해나로 출발했다. 이번 여행은 멀지만 안전한 코스를 택했다. 좀 더 가까운 길이 있지만 그 코스는 산지가 험했고 강도 건너야 했다. 전에 그 코스로 가다가 얼마나 힘들었는지 모른다. 사흘 내내 험한 산지와 황야길을 가면서 굉장히 고생했었다. 노상에서 검불을 뒤집어쓰고 잔 적도 있었다. 이번에는 그런 고생을 피해서 시일이 걸려도 강을 끼고 돌아가기로 했다. 일행은 5일 동안 멀고 긴 여행을 강행했다.

닷새째 되는 날 오후에야 서스쿼해나에 도착했다. 인디언들도 먼 여행 끝에 피곤해 보였다. 브레이너드는 초죽음이 되었다. 숙소를 정하고 쉬었지만 며칠 동안 브레이너드의 마음은 무거울 뿐이었다. 피곤에 지친 탓도 있지만 며칠 동안 신앙에 관심을 갖는 사람을 만나보지 못했기 때문이었다. 마음의 절망은 곧바로 의욕상실로 이어졌다. 주일예배 시간이 되었지만 동행한 인디언들이 며칠 동안 설득하여 초청한 두 사람밖에 오지 않았다. 초청된 사람이 두 사람뿐이었지만 오전과 오후에 집회를 가지면서 그곳에 성령의 역사가 일어나기를 기도했다.

그날 브레이너드는 밤새 식은땀을 흘리며 거의 잠을 이루지 못했다. 가슴 깊은 곳에서부터 밀려오는 듯한 심한 기침 때문에 견딜 수 없었다. 새벽에야 겨우 잠이 들었지만 계속되는 기침으로 아침 일찍 깼다. 날이 밝자 열은 약간 내렸으나 피를 토하면서 기침을 했다. 브레이너드는 겁이 덜컹 났다. 이러다가 죽는 게 아닌가 싶었지만 순간적으로 하나님 품에 안긴다는 생각에 안도의 한숨을 쉬었다.

"주님, 이대로 주님 품에 안겼으면 좋겠습니다! 주의 영광의 나라를 보고 싶습니다!"

하나님의 자비로 다음 날에는 몸 상태가 회복되었지만 브레이너드는 마음에 무언가를 짐작하고 있었다. 피를 쏟아내는 것으로 보아 대단히 위험한 병이라는 것을 직감했기 때문이었다. 자신에게 위험한 순간이 다가오고 있음을 알고 있었다. 건강에 대해서 위기감이 들자 브레이너드는 더욱 복음 전파에 힘쓰고자 했다. 육신의 건강 때문에 죽어가는 영혼을 포기할 수는 없었던 것이다.

점점 쇠약해지는 육신

복음 전파를 위해서 자신의 목숨을 불사르겠다는 각오가 더욱 뜨거워졌지만 불행하게도 건강은 더욱 악화되었다. 밤마다 식은땀으로 목욕을 하다시피 했다. 심한 기침으로 피를 계속해서 토해냈다. 무언가 대책을 세우지 않으면 금방 쓰러질 듯했다. 너무나 쇠약해져서 전도의 성과를 거두기 힘든 상황에 이르렀다. 상황이 그 정도로 악화되자 브레이너드의 마음도 약해졌다. 간혹 '더 이상 하나님께서 나를 사용하지 않으시려는가'라는 생각을 하기도 했다. 그럴수록 마음이 점점 더 나약해졌다.

그렇다고 인디언 동역자들에게 연약한 모습을 보일 수도 없었다. 이번 여행에서 드러난 결실은 거의 미미했지만 복음의 씨가 뿌려졌다는 데에 큰 의의가 있었다. 대부분의 인디언이 관심을 보여주지 않았지만 복음을 전할 때마다 성령께서 얼마나 크게 위로해주셨는지 모른다. 동역자들조차 놀라운 성령의 은혜를 체험했다. 그들이 그리스도의 복음을 부지런히 뿌리게 되면 반드시 거둘 날이 있을 것이라는 확신을 갖게 된 것도 큰 수확이었다.

3주간의 전도 여행을 마치고 크랜베리로 돌아갔다. 돌아가는 길은 갈 때보다 갑절로 힘들었다. 브레이너드는 더 이상 입을 열 수 없을 정도로 지쳐 있었다. 무사히 크랜베리까지 돌아갈 수 있을지도 의문이었다. 너무나 힘든 일정이어서 일주일이 꼬박 소모되었다. 인디언 동역자들도 지칠 대로 지쳤으니 브레이너드는 초죽음이 되었다. 한 주간 동안 폭우를 맞기도 하고, 양식을 아끼느라고 두 끼씩만 먹기도 했다. 물이 없어서 하루를 목마름과 싸울 때도 있었고, 길거리에서 노숙하며 보내기도 했다.

하나님의 은혜가 아니었더라면 살아서 돌아온다는 것은 불가능했을 것이다. 브레이너드 일행이 크랜베리에 돌아오자 온 주민은 마치 전쟁에서 돌아온 사람을 맞이하듯이 환대했다. 그들은 전도 여행을 떠난 일행을 위해서 그때까지 매일 두 차례씩 모여서 기도하고 있었다. 주민들은 한 달 만에 돌아온 브레이너드와 그 동역자들을 보자 감격해서 눈물을 글썽거렸다. 브레이너드는 함께 모여 있는 주민들을 위해 기도해주었다. 목소리는 거의 나오지 않았다.

브레이너드는 더 이상 기도할 힘이 없어서 중단하고 말았다. 기도를 마치고 난 후 브레이너드는 기어올라가다시피 해서 오두막집으로 들어갔다. 녹초가 된 몸을 가눌 길이 없어 그대로 쓰러지고 말았다. 마치 고향집에 온 것처럼 편안하게 잠이 들었다. 다음 날 늦게 일어났지만 목이 잠기고 온몸이 부은 것처럼 느껴졌다. 관절은 여전히 쑤셨고, 기침은 점점 더 심해졌다.

크랜베리에 돌아와서부터는 매일 써온 일기조차 쓸 수 없었다. 너무 쇠약해져서 설교도 못할 정도였다. 가끔 의자에 앉아서 설교를 할 때면 성령께서 강하게 붙들어주셨다. 매일 고열에 시달리기도 하고, 기침과 함께 피를 토했다. 고통은 점점 더해갔다. 가슴과 등이 아파서 엎드리지도 눕지도 못했다. 혼미한 상태가 계속되었다. 꼼짝 못하고 쉬면서 주의 자비만 기다렸다. 그러다가는 주일에 있을 성찬 예식 집례는커녕 주일예배도 참석하지 못할 것 같았다.

그런데 놀랍게도 금요일 오후부터 생기가 회복되었다. 저녁에는 성찬식을 앞두고 집회로 모여서 말씀을 전했다. 고린도후서 13장 5절의 말씀을 붙들고 성찬을 어떻게 준비해야 할 것인지 증거했다. 브레이너드가 회복되어 말씀을 전한다는 소식을 듣고 주민들이 40여 명쯤 모였다. 말씀을 통해서 주민들이 크게 영적인 감동을 받았다.

눈물을 훔치는 소리가 여기저기에서 들렸다. 비록 앉아서 설교했지만 브레이너드는 영적으로 새 힘을 얻었다. 놀라운 기쁨이 심령에 넘치기도 했다. 남녀 40여 명이 떡과 잔을 받으면서 모두 감격했다. 예배 후에 돌아오는데 짧은 거리인데도 누군가 부축하지 않고는 한 발짝도 움직일 수 없었다. 두 사람이 브레이너드의 양팔을 붙들고 겨우 집으로 돌아와 쓰러졌다. 오후 내내 신음하며 누웠다가 밤예배 시간에 다시 말씀을 전했다. 육신은 지쳐 쓰러져 가고 있는데 영적으로는 은혜가 충만했다.

5장

주님 곁에 가기를 갈망하다

인디언들과의 눈물겨운 작별

12월이 되자 브레이너드는 엘리자베스 타운으로 철수했다. 고향으로 돌아가려고 했지만 너무나 힘들어서 중간에 엘리자베스 타운에서 머물러야 했다. 그곳에는 지금까지 브레이너드에게 많은 도움을 주었던 조나단 디킨슨 목사가 목회하고 있었다. 브레이너드는 디킨슨 목사의 도움으로 그곳에서 몇 개월간 머무르게 된 것이다. 그 사이 타운에 있는 의원을 찾아 치료책을 찾아보려고 했지만 의사도 별다른 처방을 내리지 못했다. 결핵의 증세가 있긴 하지만 너무 쇠약해진 것이 요인이라고 진단을 내릴 뿐이었다.

디킨슨 목사의 사택에 머무르면서 꼼짝 못하고 누워 있었다. 매일 병세가 더욱 악화되었다. 날씨가 추워질수록 고열과 천식에다 식욕부진 증세까지 보였다. 음식을 먹으면 소화가 되지 않아 먹기조차 힘들었다. 물 한 모금 마시기 힘들 정도였다. 감정 상태도 정상이 아니었다. 때때로 혼수 상태에 빠지기도 했다. 친구들은 브레이너드의 건강 상태를 보면서 절망적이라고 생각했다. 이제 더 이상 인디언 선교는커녕 고향으로 돌아갈지에 대해서도 부정적이었다. 하루하루를 넘기기 힘든 것처럼 보였던 것이다.

그러다가 약 2주 정도 지나자 집 안을 거닐 수 있을 만큼 조금 회복되었다. 3월 중순에 이르러서야 브레이너드는 거의 4개월 만에 공예배에 참석했다. 그동안 생과 사를 넘나들며 고통 가운데 보내다가 실낱 같은 회복의 기미가 보이자 예배에 참석하게 된 것이다. 주변에서는 그것조차 만류했다. 더 쉬면서 안정을 되찾는 것이 회복을 위한 지름길이라고 조언하기도 했다. 하지만 브레이너드는 한 발짝이라도 걸을 수 있다면 예배당에 나가려고 했다. 놀랍게도 몸의 상태가 조금 회복되어서 두 사람의 부축을 받으면서 예배당으로 걸어 들어갔다. 엘리자베스 교회에서 여러 교우가 브레이너드를 뜨겁게 환영해주었다.

주일 후부터 브레이너드의 마음속에 인디언 마을을 방

문해야겠다는 생각이 사라지지 않았다. 여행하는 것이 문제였지만 힘을 다해 가기로 했다. 친구들은 모두 브레이너드의 인디언 마을 방문을 만류했다. 이제 인디언 주민들은 하나님의 손에 맡기고 건강을 회복하는 데 주력해야 한다는 권면이었다. 하지만 브레이너드는 가다가 쓰러지는 한이 있어도 인디언들을 만나봐야겠다고 생각했다. 이틀 동안 충분한 휴식을 취한 엘리자베스 타운을 떠났다. 친구들의 도움도 뿌리치고 혼자 먼 길을 떠났다. 지금까지의 상태로 보건대 혼자 말을 타고 가다가는 언제 떨어질지도 모를 위험한 일이었다.

주의 자비로운 손길에 힘 입어 브레이너드는 크랜베리에 잘 도착했다. 주민들은 환한 미소를 지으면서 브레이너드를 뜨겁게 맞이해주었다. 브레이너드 역시 얼마나 감격했던지 한동안 말문을 열지 못했다. 주민들과 모여 그동안의 근황을 상세하게 주고받았다. 주민들은 브레이너드가 떠나자마자 매일 모여서 기도해왔다고 했다. 브레이너드는 지난 몇 개월간 사경을 헤메던 중에서도 인디언들의 기도 후원으로 지금까지 왔다는 생각에 눈물이 쏟아졌다.

아직 어린 믿음을 가진 인디언들인데 장성한 사람들 못지않게 자신을 위해서 기도하는 수고를 아끼지 않는 그들이 대견스러웠다. 다음 날 오전에 주민들과 작별의 시간을 가졌다. 마지막으로 예배드리면서 말씀을 전할 때 모든 주민에게 성령의 감동이 임했다. 모두 합심해서 기도한 후 브레이너드가 주민들에게 작별 인사를 했다. 모든 사람이 눈물을 흘리며 아쉬워했다.

폐결핵 판정

엘리자베스 타운으로 돌아온 후 부활절이 되었지만 브레이너드의 건강 상태는 회복될 기미가 보이지 않았다. 친구들과 교인들이 병문안을 하면서 격려해주었지만 온종일 침대에 누워 있어야만 했다. 교회에서도 합심해서 브레이너드의 회복을 위해 기도했다. 부활 주일이 지난 후 화요일은 브레이너드의 생일이었다(1747. 4. 20). 저녁에 친구들이 찾아와 생일 축하 파티를 해주었다. 하지만 브레이너드는 침대에 누워 쓸쓸하게 위로를 받을 뿐이었다.

그러다가 놀랍게도 며칠 뒤에는 건강이 약간 회복되었다. 건강이 회복되자 브레이너드는 곧바로 주님과 교제하는 시간을 가졌다. 침대에 누워 있는 동안 온종일 머리가 깨질 것처럼 아팠고, 아무것도 생각할 수 없었다. 심한 기침으로 인해 가슴이 찢어질 듯하게 고통스럽기도 했다. 그릴 때마다 천장만 쳐다보며 꼼짝 못하고 누워 있어야만 했다. 그러나 가장 큰 고통은 기도할 힘도 없이 영혼의 갈증을 느끼면서 보내는 것이었다.

5월 말쯤에 브레이너드는 엘리자베스 타운을 출발했다. 병약한 몸으로 하루에 30여 킬로미터씩 말을 타고 가는 것은 엄청난 무리였다. 하지만 어느 정도 건강이 회복되어 쉬어가면서 여행할 수 있었다. 쓰러질 듯한 고통이 따르긴 했지만 하나님의 도우심으로 3일 만에 노샘프턴에 도착했다. 브레이너드는 곧바로 조나단 에드워즈 목사를 만났다. 온 가족들이 마치 한 식구라도 된 듯이 브레이너드를 따뜻하게 맞이해주었다. 하지만 3일간의 긴 여행으로 브레이너드는 초죽음이 될 지경이었다.

에드워즈 목사의 주선으로 사택에 의사가 왕진하게 되었다. 의사는 몇 달째 계속되는 피곤, 고열, 체중 저하, 각혈 등의 증세는 만성 폐결핵에 가깝다고 판명했다. 그리고 불행하게도 브레이너드를 치료할 특별한 방법이 없을 뿐만 아니라 치료될 가망도 거의 없다고 처방을 내렸다. 당시에는 결핵 치료약이 없었기 때문에 불가피한 처방이었다. 브레이너드는 오래전부터 심상치 아니한 자신의 병세에 대해 이미 각오한 바였지만 매우 고통스러웠다. 불길한 예감도 들었지만 죽음을 두려워하지는 않았다.

이미 자신의 생명은 하나님께 달려 있다고 믿고 있었기 때문이었다. 그의 건강이 그렇게 치명적으로 손상되었던 요인은 인디언 마을에서 수년간 보내면서 제대로 영양을 보충하지 못한 것 때문이었다. 어린 시절에 부모님을 여의고 난 후 누가 건강을 제대로 챙겨주지 않은 것도 그 요인 중 하나였다. 게다가 너무 잦은 금식도 몸을 상하게 만든 요인이 되기도 했다. 금식을 통해서 늘 영적으로는 강건해졌지만 육신은 쇠할 대로 쇠해진 것이다. 브레이너드의 병세가 폐결핵으로 판명되자 많은 사람이 무척 안타까워했다. 그의 병세를 볼 때 심상치 않다는 생각은 하고 있었지만 막상 폐결핵이라는 진단이 내려지자 주변 사람은 크게 우려를 표했다. 그러면서 그의 건강 회복을 위해 기도해주었다.

브레이너드 역시 조금도 흔들리지 않았다. 그는 믿음을 잃지 않고 주님의 긍휼을 구했다.

주님! 여생 동안 주님의 영광을 드러내고 싶습니다. 사나 죽으나 주의 뜻을 이루소서.

육신은 점점 쇠했지만 영적으로는 많은 것을 깨닫는 기회가 되었다. 구원의 축복이 얼마나 큰 것인지 생각하게 된 것이다. 그런 놀라운 은혜가 허약한 육신을 이겨낼 수 있도록 힘을 불어넣어 주었다. 브레이너드는 오직 주님의 은혜로 견고하게 설 수 있었던 것이다. 영적으로 누리는 풍성한 은혜에도 불구하고 가끔 고열 때문에 한순간도 견딜 수 없는 상태가 될 때가 있었다. 피를 쏟아내는 기침으로 가슴이 찢어지는 듯한 고통을 당하기도 했다.

사택에 머무른 지 2주 정도 지난 뒤 어느 정도 회복의 기미가 보이자 브레이너드는 보스턴 여행에 대해서 에드워즈 목사와 상의했다. 보스턴에는 인디언 선교를 후원해준 교회가 많았다. 그 근처에서 목회하는 친구들도 많았다. 브레이너드는 그곳에 가서 인디언 선교를 위해 지속적으로 후원해달라고 부탁할 참이었다.

동역자들과 교제하다

에드워즈 목사는 지금 상태로 브레이너드가 혼자 보스턴까지 가는 것이 불가능하다고 생각했다. 그래서 자신의 딸 여루사Jerusha와 브레이너드의 친구들에게 동행해줄 것을 부탁했다. 모든 일행이 브레이너드의 건강 상태에 맞춰서 천천히 여행했다. 3일 동안의 여행에 브레이너드는 지칠 대로 지쳐 있었지만 하나님의 도우심으로 보스턴에 도착하게 되었다. 여행하는 3일 내내 브레이너드는 기도하는 일을 그치지 않았다. 때로는 쉬는 중에도 기도에 몰두했고, 매일 숙소에서도 기도의 시간을 가졌다.

보스턴에 도착하자 많은 목사의 방문을 받았다. 그가 보스턴에서 많은 사람을 만나 인디언 선교에 대해 이야기한 것은 기적에 가까웠다. 그렇게 먼 거리를 여행하도고 많은 사람과 만나 교제한 것은 놀라운 은혜였다. 하나님의 손길이 아니었으면 한순간도 감당하지 못했을 것이다. 보스턴에 한 달가량 머무는 동안 많은 사람으로부터 극진한 예우를 받았다. 인근 주변에서 목회하는 여러 목회자로부터 따뜻한 위로와 격려를 받기도 했다. 그곳에서 2주가 지날 쯤에는 숨이 막힐 듯한 고열에 시달리게 되어 의사의 진찰을 받았다.

폐에 조그마한 궤양이 생겼다는 진찰 결과를 듣고 브레이너드는 놀라서 한동안 입을 열 수 없었다. 이제 거의 살 가망이 없을 것 같은 두려움이 엄습해 온 것이다. 브레이너드는 며칠 동안 한마디도 할 수 없을 정도로 힘을 잃고 있었다. 그래서 침대에 누워 있을 수밖에 없었다. 주님의 자비가 아니면 다시 일어날 수 없을 것 같았다. 주변 사람들은 브레이너드가 몇시간 내로 임종할 것 같다고 말하기도 했다. 브레이너드 자신도 그렇게 생각하고 거의 체념한 상태였다. 머리와 가슴에 너무 큰 통증이 와서 의식을 잃어버리고 헛소리까지 했다. 죽음의 그림자가 그 곁에 어른거린 듯했다.

친척들과 가까운 몇 사람들, 그리고 여루사는 두어 시간 가량 임종을 지켜보려고 자리를 지켰다. 그러다가 극적으로 다시 회복되어 의식을 되찾기도 했다. 브레이너드도 하루하루를 마지막이라고 생각하면서 누워 있었다. 숨을 쉴 기력조차 잃어버렸다. 의사도 더 이상 브레이너드가 살 가망이 없다고 할 정도였다. 만에 하나 산다고 해도 몇 달을 못갈 것이라고 했다. 하지만 곁에 있던 여루사는 소망을 잃지 않았다. 하나님께서 브레이너드를 그냥 버려두지 않을 것이라고 확신하면서 기도했다. 브레이너드도 자신의 상태가 거의 마지막 단계임을 직감하고 있었다. 죽음이 임박해오고 있다는 것도 알았다.

그렇지만 조금도 두려워하거나 체념하지 않았다. 겨우 숨만 쉬고 있었지만 의식은 뚜렷했다. 보스턴에서 머무른지 3주쯤 되었을 때 막내 동생 이스라엘이 찾아왔다. 이스라엘은 누이가 죽었다는 비보를 가지고 왔다. 하지만 형의 모습을 보고 차마 그 비보를 말할 수 없었다. 오히려 형의 모습을 보고 슬픔을 억누르지 못했다. 놀랍게도 동생이 방문한 후로 브레이너드는 조금씩 생기가 돌기 시작했다. 다음 날에는 이스라엘과 이야기를 나누며 기뻐할 정도였다.

그러다가 누이 스펜서의 비보를 듣자 브레이너드는 이스라엘의 손목을 꼭 잡고 눈물을 흘렸다. 며칠 뒤 브레이너드의 의식이 조금씩 회복되었다. 특히 몸은 여전히 움직이지 못할 정도였지만 그의 영과 정신은 뚜렷해졌다. 브레이너드는 온종일 침대에 누워서 많은 것을 생각했다. 그가 가장 소망하는 것은 하나님과 하나가 되는 것이었다.

보스턴에서 머물렀던 기간은 여러모로 유익했다. 브레이너드를 방문했던 많은 사람이 영적으로 도전을 받아 신앙의 각성을 일으키는 계기가 된 것이다. 주변 교회에도 큰 영향을 끼쳤다. 브레이너드를 만났던 여러 목회자는 신앙 부흥을 위해서 기도에 전력하게 되었다. 그런 기도의 불길이 보스턴 지역에서 시작되어 인근으로 퍼져 나갔다. 마치 수년 전에 노샘프턴에서 일어났던 신앙 부흥의 영향처럼 브레이너드로부터 도전을 받은 사람들로부터 시작하여 부흥의 불길이 타오르기 시작한 것이다.

한 달쯤 지난 후에 브레이너드는 노샘프턴으로 떠나려고 했다. 여러 사람이 그런 건강 상태로 긴 여행을 하는 것은 위험한 일이라고 만류했다. 이스라엘도 좀 더 건강이 회복되면 떠나라고 간곡하게 권면했다. 브레이너드 자신도 그렇게 허약한 몸으로 먼 길을 여행하는 것이 무리인 줄 알고 있었다.

하지만 이제는 여생을 차분하게 준비하는 것이 나을 것 같다는 예감이 들었다. 더욱이 노샘프턴을 거쳐 고향으로 가서 편안하게 지내는 것이 낫겠다는 생각도 들었다. 그동안의 건강 상태나 의사의 진단 등을 고려할 때 자신은 이제 하나님의 품으로 갈 때가 되어간다는 것을 알고 있었다. 그래서 약간이라도 상태가 좋을 때 여행을 하려고 결정한 것이다.

이스라엘과 여루사, 그리고 세 명의 동역자들이 동행해서 5일간의 여정을 위해 출발했다. 7월 하순의 한여름에 말을 타고 가는 것은 건강한 사람에게도 힘든 일이었다. 브레이너드의 건강 상태를 생각하면서 일행은 최대한 속도를 줄여 자주 쉬면서 하루에 20여 킬로미터 정도만 갔다. 오후에는 현기증 때문에 말에 앉아있기조차 힘들었다. 심지어 어떤 때는 한 걸음도 나갈 수 없을 정도였다. 그런 어려움 가운데서도 하나님의 도우심으로 5일간의 여행을 마쳤다.

여루사의 극진한 간호를 받다

노샘프턴에 도착하자 에드워즈 목사 부부와 자녀들은 모두 브레이너드를 한 가족처럼 따뜻하게 맞아주었다. 그들은 최선을 다해 브레이너드를 섬겼다. 여루사도 긴 여행으로 인해 상당히 지쳐 있었으나 집으로 돌아온 이후 곧바로 피로가 풀렸다. 브레이너드 곁에서 간호해주고 싶은 마음 때문에 편히 쉬고 있을 수 없었다. 매일 브레이너드 곁에서 시중을 들어주는 것이 그녀에게는 행복이었다. 때로는 편지를 대필해주고, 성경을 읽어주기도 했다. 어떤 때는 조용히 찬송을 부르면서 위로해주기도 했다. 여루사는 하루도 브레이너드 곁을 떠나지 않고 돌봐주면서 그의 절친한 친구가 되어주었다.

혼수상태가 계속되다가 9월 초에 상태가 호전되어 공예배에 참석할 수 있었다. 노샘프턴에 온 지 한 달 만에 처음으로 참석한 공예배였다. 사택에서 예배당으로 가려면 널 따란 공원을 가로질러야 하기 때문에 걸어서 가기에는 무리였다. 브레이너드는 오랜만에 공원길을 산책하고 싶은 마음도 있었지만 가족들의 권면으로 역마차에 실려서 예배당으로 갔다. 예배당에 들어갈 때는 여루사가 동행해주었다. 브레이너드는 그 성전 문을 밟는 것이 이번이 마지막일지도 모른다는 예감에 감사와 감격 가운데서 예배를 드렸다.

9월 첫째 주일예배를 드린 후로 브레이너드는 지상에서 다시 공예배에 참석하지 못했다. 그날의 외출도 마지막이 되고 말았다. 상태가 회복되면 겨우 실내에서 몇 걸음씩 걸을 뿐이었고, 대부분 누워서 보냈다. 주말에는 뜻밖에 뉴저지에서 동생 존이 왔다. 인디언 마을에서 목양을 감당하는 존을 보자 브레이너드는 마치 인디언들을 직접 보는 것처럼 기뻐했다. 인디언들의 소식을 들은 브레이너드는 그들과 함께 살던 일들이 생각났다.

브레이너드가 존의 방문에 크게 기뻐한 것은 수년 동안

썼던 자신의 일기를 가져왔기 때문이었다. 브레이너드는 지난 수년 동안 거의 매일 기록해놓았던 일기를 읽으면서 하나님의 은혜를 다시 한 번 되새겨보았다. 브레이너드는 매일 고통스러운 날을 보냈지만 그의 영혼은 날마다 즐거움으로 가득했다. 하나님께서 영광을 받으시도록 그분을 갈망하는 마음뿐이었다. 육신의 아픔이 없는 영원한 하나님의 나라에 들어가고 싶은 마음으로 기도하곤 했다.

주의 온전한 영광을 속히 보게 하소서!

며칠 동안 존이 형과 함께 보내다가 다시 돌아갔다. 브레이너드는 인디언들에게 전하는 글을 여루사에게 대필하도록 했다. 존은 형의 편지를 들고 다시 돌아와 만나자는 인사를 남기고 떠났다. 며칠 후 브레이너드는 약간 회복되자 인디언 마을에 세워진 학교를 위해서 후원을 요청하는 편지를 직접 썼다. 오랜 시간이 걸렸지만 자필로 쓰는 것이 좋겠다는 판단으로 여루사의 도움을 받아 편지를 썼다. 하나님을 영화롭게 하는 일이라면 어떤 희생도 마다할 수 없었다. 주님을 위해서 더 어려운 일도 해야 한다는 각오로 편지를 써나갔다. 브레이너드가 지상에서 글을 쓴 것도 그것이 마지막이 되었다.

그 후 며칠 지나자 혼수상태가 되었다. 발이 붓고, 고열로 시달리면서 고통스러운 날들을 보냈다. 가족들은 그의 임종이 가까운 것으로 생각했다. 9월 중순에 이르러 동생 이스라엘이 다시 형을 방문했다. 이스라엘은 형의 마지막을 돌봐주고 싶다는 의사를 표해 사택에 함께 머무르게 되었다. 여루사와 이스라엘이 번갈아가면서 브레이너드의 침대를 지켰다. 하루도 못 넘길 것 같은 긴박한 상황이 계속되었다. 그런 절망적인 상황에서도 브레이너드는 조금도 흔들림이 없었다. 마치 죽음이 가까이 오는 것이 즐거운 것처럼 표정이 밝았다. 육신은 거의 죽어가고 있지만 정신과 영혼은 총명했다.

그는 다 죽어가는 목소리로 여루사에게 말했다.

여루사! 이제 영광의 시간이 다가오고 있군요. 내가 온전히 하나님을 섬길 그날을 얼마나 기다렸는지 모를 것이오. 이제야 하나님께서 그 소원을 들어주시는가 봐요. 이렇게 돌봐주느라 고생이 많지요? 하나님께서 천 배의 위로와 기쁨으로 갚아주시기를 바랄게요.

거의 들리지 않았지만 생기가 넘치고 소망이 가득한 소리였다. 죽음이 다가와도 평안한 모습으로 누워 있는 브레이너드를 보면서 여루사는 더 이상 슬퍼할 수 없었다. 잠시 후면 그와 이별해야 하는 것이 안타깝고 슬펐지만 천국을 갈망하는 그를 볼 때 오히려 크게 위로를 받았다.

브레이너드는 죽음의 문턱에 서 있었지만 기도를 그치지 않았다. 꼼짝하지 못하고 누워 있으면서도 마음을 쏟아 기도하곤 했다. 그러다가 9월 말쯤부터 점점 기력을 잃어갔다. 그때부터는 일기도 쓸 수 없었다. 온종일 거의 한 마디도 못하고 보냈다. 그런데도 그의 정신은 생생했다. 매일 고통스러운 날들을 보내면서도 기도는 쉬지 않았다.

아! 주님, 지금 제가 주님 곁으로 가고 있습니다. 저에게 그날을 속히 허락해주십시오. 주님의 뜻이라면 속히 부르소서.

일기를 쓸 형편조차 되지 않아 이스라엘이 대필해서 일기를 썼다. 거의 알아들을 수 없이 작은 목소리로 불러주는 것을 한 자씩 또박또박 일기를 써나갔다. 이스라엘이 대필한 9월 27일자 일기에는 그가 얼마나 천국을 갈망하고 있었는지 보여준다.

오늘은 내 영혼이 매우 평안하고 즐겁다. 온종일 하나님과 함께 깨어 있다는 생각이 든다. 이른 아침부터 하나님께 내 영혼을 맡겨 드릴 수 있어서 너무나 좋다. 내 몸이 아주 허약할지라도 내 마음을 하나님께 드릴 수 있어서 자유를 만끽하고 있다. 보이지 않는 영원한 세계로 점점 빨려 들어가고 있는 것 같아서 기쁘다.

영원한 안식처인 하나님 품으로

브레이너드의 소식을 듣고 문병하는 목회자들의 발걸음이 그치지 않았다. 주로 노샘프턴 주변에 있는 목회자들이었지만 교인들과 선교 지망생들도 있었다. 심지어 뉴잉글랜드와 뉴저지에서 찾아오는 사람들도 있었다. 어떤 때는 브레이너드의 고향에서도 사람들이 찾아와 그를 위로했다. 9월 마지막 주일이 지난 화요일 저녁에 며칠간의 여행 끝에 브레이너드를 찾아온 두 명의 젊은이가 있었다. 그들은 가족들 외에 브레이너드를 만났던 마지막 사람들이었다. 그들은 보스턴에서 신학 수업을 받고 있는 예비 목회자들이었다.

브레이너드가 보스턴에 있을 때 만날 수 있는 기회를 놓쳐서 단 한마디라도 배우고 싶은 소망을 안고 먼 거리를 여행해 온 것이다. 그들은 브레이너드와 함께 시온의 영광을 사모하면서 찬송했다. 여루사도 그들과 함께 힘차게 하나님의 영광을 찬양했다. 그 찬송은 브레이너드가 입술로 불렀던 마지막 찬송이 되었다. 찬송을 부르자 잠시 심령이 새롭게 기운을 되찾았다. 찬송을 마치자 브레이너드는 젊은이들의 손을 꼭 잡고 당부했다.

하나님의 일을 할 때 늘 은밀한 중에 금식하고 기도하는 일에 힘쓰기를 바랍니다. 제가 죽어가는 사람이 아니라면 그런 말을 하지 않을 겁니다. 아무쪼록 주님의 영광을 위해 사역하십시오.

그런 당부를 마치고 젊은이들과 함께 합심해서 기도하는 시간을 가졌다. 그날부터 브레이너드는 자리에서 일어나지 못했다. 그동안 하루에 한두 차례씩 일어날 수 있었는데 더 이상 일어나지도 못했다. 10월이 되자 브레이너드는 의식을 잃었다가 다시 회복되기를 몇 차례 반복했다. 10월 2일자로 대필해놓은 일기에는 이렇게 쓰여 있다.

내 영혼이 온종일 하나님께 달콤하게 붙어 있었다. 그렇게 하나님과 함께 있으면서 그분의 영광을 뵈었으면 하고 갈망했다. 이제 모든 것을 하나님께 맡기고 싶다. 사랑하는 친구들, 동생들, 양 떼들, 그리고 영원을 향한 나의 관심 거리들까지도 맡기고 싶다. 이 세상에 주의 나라가 임했으면 얼마나 좋을까! 사람들이 스스로 계시는 하나님을 진심으로 사랑하고 영화롭게 한다면 얼마나 좋을까!

10월 첫 주일예배를 마치고 여루사가 브레이너드 방으로 갔다. 브레이너드는 침대 곁에 앉은 여루사에게 고개를 돌리더니 정감 어린 눈으로 쳐다보며 말문을 열려고 애를 썼다. 잠깐 동안 의식을 되찾은 사이에 여루사의 손목을 꼭 잡았다. 물끄러미 여루사를 쳐다보더니 애정 어린 눈으로 겨우 입을 열었다.

사랑하는 여루사, 당신과 함께했던 시간은 너무나 행복했소, 나는 당신과 오랫동안 함께하고 싶은데 당신도 그렇지요? 만일 내가 천국에서 당신을 만나 영원히 행복하게 살 것이라고 생각하지 않는다면 당신과 이별하는 것이 더욱 견딜 수 없었을 것이에요. 당신과 이별하는 것은 견딜 수 없는 일이지만 장차 우리는 영원히 함께 행복하게 지내게 될 것이에요.

사랑하는 친구들과 동생들과도 오랫동안 함께 살고 싶지만 그들을 하나님께 맡기겠다는 몇 마디를 잇고 말을 그쳤다. 여루사의 두 뺨에 눈물이 주르르 흘러내렸다. 이미 숨이 끊어진 것처럼 꼼짝 않고 누워 있는 브레이너드가 한없이 애처로워 할 말을 잃었다. 그 후 몇 차례 의식이 회복되었다. 여루사는 그때마다 찬송을 부르면서 그를 위로해 주었다. 브레이너드도 여루사의 찬송 소리에 평안한 표정을 지었다.

10월 8일 저녁에는 동생 존으로부터 인디언 선교에 대한 이야기를 들었다. 점점 의식을 잃어가고 있었지만 인디언 사람들이 보낸 안부를 듣고 무척 즐거운 표정을 지었다.

그날 저녁 마지막으로 동생에게 인디언들의 영혼을 부탁한다는 말을 마치고 다시 말을 잇지 못했다. 시간이 지날수록 점점 의식을 잃어가고 있었다.

10월 9일 금요일 새벽이 되자 브레이너드의 눈동자가 거의 고정되는 듯했다. 호흡은 멈추지 않았으나 죽은 사람과 같이 누워 있었다. 온종일 호흡이 불규칙하게 이어졌다. 마지막이 다가온 줄 알고 여루사와 가족들이 모여 그의 임종을 지켜봤다.

5시쯤에는 마지막을 예고하듯이 몇 차례 불규칙한 호흡이 이어졌다. 곁에 있던 가족들이 마지막으로 찬송을 불렀다. 천국을 소망하면서 다시 만날 것을 약속하며 찬송했다. 존과 이스라엘 그리고 여루사의 눈에서 눈물이 그치지 않았다. 오후 6시가 되자 브레이너드는 이 땅에 태어난 지 29년 5개월 19일 만에 영원한 하나님의 나라로 입성했다. 마치 평안히 잠자는 것처럼 누워 자신이 그렇게도 소망하던 주님의 품에 안겼다.

브레이너드가 하나님의 품으로 간 지 4개월 만에 여루

사도 곧바로 그 곁으로 갔다. 여루사는 브레이너드가 세상을 떠난 후 한동안 입을 다물고 고통스러운 나날을 보냈다. 신앙으로 모든 슬픔을 이겨냈지만 혼자서 그 아픔을 견디기에는 너무도 힘든 나날이었다. 그러다가 그 다음 해 2월에 열병이 걸려 손을 써볼 틈도 없이 며칠 만에 하나님의 품으로 돌아갔다.

여루사는 짧은 생애 동안에 하나님의 영광을 위해서 살려고 무척 애를 써왔다. 종종 놀랄 만한 신앙으로 형제들을 감동시켰다. 헌신적인 봉사로 온 교인에게 감동을 주기도 했다. 하나님을 기쁘시게 해드리려는 마음으로 자신을 희생하면서 브레이너드를 극진히 간호해주었다. 에드워즈 목사 부부는 그런 딸의 가슴속에 뿌려진 애정의 씨앗이 활짝 피어나기를 소망하면서 브레이너드 무덤 곁에 여루사를 나란히 안장했다.

생애 연보

1718	4월 20일 미국 코네티컷 주 헤이담에서 태어나다.
1739	신학 공부를 위해 예일 대학교에 입학하다.
1740	본격적으로 일기를 쓰기 시작하다.
1742	예일 대학교에서 퇴학당하다.
	코네티컷 주에서 설교자 시험을 통과하다.
	스코틀랜드 선교협회로부터 인디언 선교사 임명을 받다.
1743	카우나우믹 인디언들을 위한 사역을 시작하다.
	예일 대학교 학위를 포기하다.
1744	델라웨어 지역에 사는 원주민들을 섬기다.
	뉴저지 주 뉴어크 장로회에서 목사 안수를 받다.
1745	크로스윅성 인디언들을 위한 사역을 시작하다.
1746	델라웨어 원주민이 그리스도인으로 회심하다.
1747	10월 9일 하나님 나라로 입성하다.
1749	브레이너드가 세상을 떠난 2년 후 조나단 에드워즈가 《데이비드 브레이너드의 생애와 일기》를 편집·출간하다.

참고문헌

- John Thornbury, *David Brainerd: Pioneer Missionary to the American Indians*. Darlington, England: Evangelical Press, 1996.
- Conforti, Joseph. "David Brainerd and the Nineteenth Century Missionary Movement." *Journal of the Early Republic* 5 (1985), PP. 309~329.
- Petit, Norman. "The Life of David Brainerd: Comments on the Manuscript and Text." *Yale University Library Gazette* 60 (1986), PP. 137~144.
- 조나단 에드워즈, 윤기향 역, 《데이비드 브레이너드 생애와 일기》, 크리스챤다이제스트, 1984.
- 송삼용, 《데이비드 브레이너드》, 기독신문사, 2005.
- 송삼용, 《영성의 거장들》, 기독신문사, 2002.

믿음의 거장 시리즈

기독교 역사를 바꾼 영적 거장의 생애를 읽는다!

설교, 목회, 신학, 기도, 선교, 영성 각 분야에서 하나님께 쓰임받은 신앙 위인들의 삶을 차례로 조명해본다. 생애에 드러난 감동적인 이야기와 구속사적 역사관에 근거한 내용 전개로 독자들에게 영적 도전을 줄 것이다. 평신도와 신학생, 목회자에 이르기까지 누구나 쉽게 읽을 수 있다.

01 장 칼뱅 송삼용 지음 | 4×6판 변형 양장 | 160쪽 | 7,000원
세상과 타협하지 않는 개혁자이자 성도의 영혼을 돌보는 목회자로, 경건함의 본이 된 사람

02 찰스 스펄전 송삼용 지음 | 4×6판 변형 양장 | 160쪽 | 7,000원
천부적 재능을 소유한 설교자로, 영국을 복음으로 일으키고 세기적 부흥을 주도한 목회자

03 조지 뮬러 송삼용 지음 | 4×6판 변형 양장 | 164쪽 | 7,000원
수많은 고아의 아버지이자, 하나님을 위해 자신의 모든 것을 철저하게 포기한 기도의 사람

04 조지 휘트필드 송삼용 지음 | 4×6판 변형 양장 | 164쪽 | 7,000원
들풀처럼 강인한 최초 야외 설교자로, 모든 교파를 초월하여 한 시대를 움직인 강한 목회자

05 데이비드 브레이너드 송삼용 지음 | 4×6판 변형 양장 | 160쪽 | 7,000원
인디언을 위해 일생을 바친 설교자로, 뼈가 부서지는 순간까지 은혜의 씨앗을 뿌린 목회자

06 조나단 에드워즈 송삼용 지음 | 4×6판 변형 양장 | 160쪽 내외 | 7,000원
한평생 하나님의 능력에 사로잡혀 신학을 집대성한 미국 최고의 신학자이자 대부흥사

07 로버트 맥체인 송삼용 지음 | 4×6판 변형 양장 | 160쪽 내외 | 7,000원
그리스도를 본받아 온전히 순종하는 삶과 경건한 삶의 본을 보여준, 영혼을 울린 설교자

08 존 오웬 송삼용 지음 | 4×6판 변형 양장 | 160쪽 내외 | 7,000원
천부적인 지성과 탁월한 영성을 바탕으로 가장 방대한 저서를 완성한 청교도 신학자

09 윌리엄 캐리 송삼용 지음 | 4×6판 변형 양장 | 160쪽 내외 | 7,000원
인도에서 활동한 영국 침례교 선교사로, 성경 번역에 앞장선 개신교 현대 선교의 아버지

10 허드슨 테일러 송삼용 지음 | 4×6판 변형 양장 | 160쪽 내외 | 7,000원
중국을 품은 선교사로, 오직 중국 선교를 위해 치열하게 헌신하면서 복음을 전한 사람

11 길선주 김학중 지음 | 4×6판 변형 양장 | 160쪽 내외 | 7,000원
독립운동가이자 교육가로, 한국 교회의 기초를 다지고 부흥의 바람을 일으킨 주역

12 주기철 김학중 지음 | 4×6판 변형 양장 | 160쪽 내외 | 7,000원
흔들리지 않는 굳건하고 담대한 믿음으로, 목숨 걸고 하나님의 명령을 지킨 순교자

13 손양원 김학중 지음 | 4×6판 변형 양장 | 160쪽 내외 | 7,000원
원수를 양자로 삼아 예수님의 사랑을 실천하고, 나환자들의 영혼을 돌본 믿음의 사람

14 장기려 김학중 지음 | 4×6판 변형 양장 | 160쪽 내외 | 7,000원
약하고 불쌍한 이들을 위해 평생을 바쳐 봉사하며 버팀목이 되어준 한국의 슈바이처

15 조만식 김학중 지음 | 4×6판 변형 양장 | 160쪽 내외 | 7,000원
민족의 십자가를 지고 독립운동과 민족 통일 운동에 힘쓴 기독교계의 중진, 한국의 간디

16 드와이트 무디 김학중 지음 | 4×6판 변형 양장 | 160쪽 내외 | 7,000원
미국 침례교의 평신도 설교자로, 어린이와 청년, 군인에게까지 사랑받은 감성적인 사람

17 어거스틴 김학중 지음 | 4×6판 변형 양장 | 160쪽 내외 | 7,000원
고대 신플라톤주의 철학과 기독교를 결합하여 중세 사상계에 영향을 준 교부 철학의 성자

18 마르틴 루터 김학중 지음 | 4×6판 변형 양장 | 160쪽 내외 | 7,000원
부패한 로마 가톨릭 교회에 대항해 은혜를 통한 구원과 성서의 권위를 강조한 종교개혁자

19 존 웨슬리 김학중 지음 | 4×6판 변형 양장 | 160쪽 내외 | 7,000원
위대한 전도자이자 신학자로, 복음 전파에 초인적으로 헌신하고 복음 해석에 기여한 사람

20 데이비드 리빙스턴 김학중 지음 | 4×6판 변형 양장 | 160쪽 내외 | 7,000원
아프리카를 개척한 선교사로, 아프리카 오지 깊숙한 곳에서 그들을 위해 헌신한 사람